KB190561

부활의 위로

우리에게 희망을 주는 부활 신앙 해설

부활의 위로

우리에게 희망을 주는 부활 신앙 해설

진규선 지음

하나님께는
모든 사람이 살아 있다

대학 병원의 중환자실이었습니다. 스무 살 무렵, 가족의 간호를 위해 몇 달을 그곳에 머물렀습니다. 그동안 난생 처음으로 죽음을 가까이 앞둔 사람들을 곁에서 지켜볼 수 있었습니다. 간혹 정장을 차려 입은 목사님들이 위로의 설교를 전하러 다녀갔습니다. 구원을 받게 하려고 세례를 청하는 가족, 기꺼이 약식으로 세례를 베푸는 목사님의 모습도 보았습니다. 찾아오는 목사님은 달랐지만 모두가 마치 약속이라도 한 듯, 요한복음 11장 25-26절은 설교에서나 기도에서나 빠지지 않았습니다.

"예수께서 가라사대 나는 부활이요 생명이니 나를 믿는 자는 죽어도 살겠고 무릇 살아서 나를 믿는 자는 영원히 죽지 아니하리니 이것을 네가 믿느냐"

비슷한 시기, 대학교 여름 방학이었습니다. 새벽기도를 마치고 전도사님과 몇몇 청년이 모여 아침 식사를 하러 가던 길, 한 청년이 목을 맨 사람을 발견했습니다. 놀란 청년들은 경찰에 곧바로 신고를 했습니다.(이때 저는 현장에 없었고, 뒤늦게 합류했습니다.) 잠시 후 상황이 수습되자 정신을 차린 청년들은 그날 내내 죽음에 대해 이야기를 나눴습니다. 수능 시험을 치른 직후 대학에 가기 전 처음으로 교회를 나온 한 새신자 청년은 죽는 것이 무섭다고 말했지만, 나머지 청년들은 죽음이 두렵지 않다며 자신 있는 태도를 보였습니다. 전도사님은 청년들의 지나친 당당함에 반쯤 당황하면서도, 신앙의 자부심이 담긴 듯한 목소리로 새신자 청년에게 이렇게 가르치듯 말했습니다.

"그게 바로 기독교의 부활 신앙이야. 예수 믿는 사람들은 죽음에 대한 태도가 다를 수밖에 없어."

당시 저는 그토록 단호한 신앙을 갖지 못했습니다. 어느 때는 죽음이 겁나지 않았지만, 때로는 너무도 두려웠습니다. 죽음과 연결된 세 가지 감정이 제 안에 있었기 때문입니다.

첫째로 죽음은 이별의 슬픔을 경험하게 합니다. 그런데 특히 기독교는 죽음에 대해 더욱 가혹한 슬픔을 경고합니다. 당시 제가 배운 신앙은 죽음이 불신자들과 '영원한 이별'을 겪게 할 것이라고 말했습니다. 아이러니하게도, 지극히 미워하던 사람일지라도 천국에서는 영원히 만나게 되고, 제아무리 사랑했던 사람이라 할지라도 영원히 이별해야 했습니다.

둘째로 불신자의 죽음 뒤에 있다는 영원한 고문의 장소, 즉 '지옥'이 있을 거라는 생각이 제게 아픔을 가져다주었습니다. 그렇다면 불신자들에게 부활은 그들을 영원히 고문하기 위해 정의의 하나님이 내린 조치나 다름없었습니다. '나는 종종 의심이 드는 신앙의 조항도 있는데…', '나는 남들처럼 믿음의 확신이 있는 것은 아닌데…', '이러다가 내가 죽게 되면 지옥에 가는 것이 아닐까?' 불안하고 겁이 났습니다.

그런데 이러한 신앙과 나란히 마음 한 켠에는 세 번째 감정인 불안이 자리잡고 있었습니다. 이 모든 것은 미신이 아닐까, '죽으면 끝이 아닐까'라는 압도적 허무 역시 제 안에 있었습니다. 이는 슬픔이나 아픔과는 전혀 다른 죽음의 공포였습니다. 결국 슬픔과 아픔과 허무를 동시에 해결해줄 수 있는 신앙을 찾아 헤맬 수밖에 없었습니다. 하지만 이전까지 듣고 배운 부활 신앙은 이 모든 것을 해결해주지 못했습니다. 당시 제게 부활은 그리워하고 갈망하는 이상(理想)이 아니라 어쩔 수 없이 찾아간 도피처일 뿐이었습니다.

돌아보면 제 신앙생활의 시작은 부활과는 상관이 없었습니다. 제가 실존적으로 신앙을 가지게 된 계기는 '하나님이 나 같은 사람도 사랑하시는구나!'라는 감동이었지, 부활이 있다는 것은 깊게 생각해본 적이 없었습니다. 본격적으로 신앙생활을 시작한 이후, 예수님이 나의 '죄'를 위해 죽었다는 대리적 속죄 교리 이야기에는 가슴이 찡해지기도 했지만, 예수님이 다시 살아났다는 것이 내게 어떤 의미가 있는 것인지 여느 설교를 들어도 명확하지 않았습니다. 예수와 마찬가지로 우리도 나중에 부활할 것이라고는 하지만, 부활한 뒤 가게 될 천국에 대한 설교는 지옥을 묘사한 이야기에 비하면 지나치게 단순하거나, 반대로 너무 거룩해서 마음에 와닿지 않았습니다. 역설적으로 제가 부활과 영생과 천국을 열망하게 된 것은 신앙이 아니라 사실 죽음의 두려움 때문이었습니다. 그러나 모든 것이 허무한 것은 아닐까 하는 불경한 생각을 떨칠 수 없었습니다.

태어나 지금까지 여러 사건을 겪었지만, 2014년에 일어난 세월호의 비극이 준 충격을 잊지 못합니다. 부활절 직전이었던 터라, 저는 충격에 빠져 애써 준비해 놓은 부활의 희망을 논하는 설교를 전부 수정할 수밖에 없었습니다. 어찌나 충격이 컸는지 부활절 행사를 취소하자고 교회에 건의할 정도였습니다.(하지만 당연하게도 행사는 그대로 진행되었고, 저는 사회를 맡아야 했습니다.) 기존에 가지고 있던 신앙이 뿌리부터 흔들렸습니다. 그 내용을 하나하나 나열할 수는 없으니 부활에 대해서만 이야기해보자면, 서로 결합된 두 가지 물음이 저를 사로잡고 괴롭히기 시작했습니다. "불신자는 부활의 구원을 받지 못하는 것인가?", "불신자와 신자는 한 가족이었더라도 영원히 헤어지는 것이고, 부활한 신자들은 사랑하던 사람들과 다시는 만날 수 없더라도 영원히 기쁨을 누릴 수 있다는 말인가?" 이 신학적-개인적 딜레마를 국내에서는 도저히 탐구할 수 없음을 깨닫고, 아라비아로 간 바울처럼 저는 멀리 유럽까지 가야 했습니다.

그렇게 긴 시간의 공부를 하며 제가 그동안 부활을 지나치게 협소하게 생각했다는 것을 알게 되었습니다. 기독교가 말하는 부활의 의미는 작은 우물이 아니라 우주와 같은 것이었습니다. 부활 신앙은 죽음에 대한 태도일 뿐 아니라, 생명과 삶을 대하는 태도이기도 합니다. 어떤 사람들은 죽음을 지나치게 낭만적으로 보거나 과도하게 비관적으로 생각하지만 기독교인은 믿음으로 죽음을 대합니다. 이런 태도를 가질 때 우리는 생명과 삶까지도 부활에 비추어 새롭게 조명할 수 있을 것입니다.

이 책은 두 부분으로 구성되어 있습니다. 1부에서는 '죽음'이란 삶을 끝내는 것뿐만이 아니라 '참된 삶'을 살지 못하게 하는 힘이라는 것을 짚어보고, 포기하고 싶은 순간들을 어떻게 아름답고 행복한 충만으로 바꿀 수 있을지를 제시합니다. 2부에서는 실질적인 죽음이라는 절대적 절망을 극복하게 해주는 초월적 희망, 부활 신앙에 대해 이야기합니다. 우리 모두는 좋은 삶을 살 수 있어야 합니다. 또한 그 좋은 삶은 더 나은 삶으로 완성되어야 합니다. 기독교의 부활 신앙은 완성된 삶을 미리 맛볼 수 있게 해주는 선취(先取)이자, 현재에서 가장 좋은 삶을 살 수 있도록 이끌어주는 힘입니다.

제가 이 책에서 전달하고 싶은 핵심 내용은 예수님의 한마디 말씀에 집약되어 있습니다.

"하나님에게는 모든 사람이 살았느니라"

이것이 부활 신앙이며, 모든 부활에 대한 담론은 이 구절에 대한 주석이라고 해도 과언이 아닙니다. 이 책을 읽는 모든 분들께 부활 신앙이 가져다 주는 위로와 희망이 있기를 바랍니다.

차례

2부 | 부활: 초월적 희망으로의 초대

1부

생명:
죽음의 세력을
다스리기

우리에게 주어진 삶을 참되게 살아가기 위해서 우리는 좋은 삶이 무엇인지를 스스로에게 질문하고, 답을 찾아 나아가야 합니다. 하지만 우리는 삶의 여정에서 죽음이라는 커다란 위협에 직면하게 됩니다. 죽음은 우리로 하여금 삶의 가치나 의미를 의심하게 만드는 알 수 없는 힘과도 같습니다. 그래서 죽음은 '죽음의 세력'이기도 합니다. 좋은 삶의 가능성이 없다는 거짓된 속삭임을 들려주는 죽음의 세력을 인정하고 극복하는 과정을 통해 우리는 진정한 삶을 찾을 수 있습니다.

죽음을 새롭게 보기

'메멘토 모리'로만?

'메멘토 모리'(memento mori) 혹은 '메멘토 모르티스'(memento mortis)는 '죽음을 기억하라'는 뜻의 고대 라틴어 격언입니다. 널리 알려진 격언이지만, 대부분의 사람들은 이 격언대로 살지 못합니다. 죽음을 떠올릴수록 두렵고 불안해지기 때문입니다. 물론 소수의 지혜로운 사람들은 죽음을 성찰하여 죽음이 나쁜 것만은 아니라는 결론을 내리고, 죽음의 두려움과 불안을 피하기보다는 이겨내며 삶을 충실하게 살아가기도 합니다.

하지만 이처럼 죽음을 기억함을 통해서 삶을 충실하게 사는 방식, 그것을 넘어서는 다른 길이 있습니다. 죽음을 더욱 온전하게 이기고 삶을 충만하게 하는 또 하나의 길을 알게 된다면, 우리는 평안과 행복을 더욱 풍요롭게 누릴 수 있을 것입니다.

'메멘토 모리'에서 출발하는 성찰은, 사람은 언젠가 죽을 수밖에 없다는 현실에 대한 하나의 해석, 믿음입니다. 그런데 '메멘토 모리'가 기억하라고 말하는 그 죽음은 단순히 '나의' 생물학적인 목숨이 끊어지는 상황을 가리킵니다. 죽음을 이렇게 이해하는 것은 참으로 기본적이고 본질적인 것이지만, 사실 죽음은 더욱 다양한 양상으로 존재합니다.

죽음은 단순하지 않다

'죽음'이라는 말을 쓸 때 누구나 가장 먼저 생물학적인 죽음을 떠올릴 것입니다. 하지만 사실 죽음에는 다양한 모습이 있습니다. 몸이 생명을 다하는 것을 '생물학적인 죽음'이라고 부르는가 하면, 존엄이 짓밟히고 정체성이 부정당해서 죽음만큼 고통스러운 처지에 있는 삶을 두고 '사회적인 죽음'을 겪는다고 말합니다. '메멘토 모리'가 우리에게 성찰하라고 요구하는 '나 자신의 죽음'이 있고, 비교적 우리의 관심에서 멀리 있는 '타인들의 죽음'도 있습니다. 늙고 병들어가며 천천히 죽음을 맞는 경우도 있지만, 사고와 재난으로 충격 속에 갑작스러운 죽음을 맞는 사람이 있고, 안타깝게도 스스로 세상을 떠나는 사람들도 있습니다.

이뿐만 아니라, 죽음은 죽음 그 자체만이 아니라 죽음을 마주한 사람들에게 어떤 힘을 행사하는 것처럼 보입니다. 충격적인 죽음 앞에서 우리는 삶이 유한하다는 사실에 새삼스레 놀라 소스라치게 되고, 삶의 가치와 의미를 의심하거나 잊게 됩니다. 마치 '죽음의 세력' 같은 것이 있어서 우리가 누려야 할 진정한 삶의 가치와 의미를 빼앗아가는 것처럼 보입니다. 가치와 의미를 빼앗긴 삶은 빈 자리를 인기, 돈, 장수와 같은 상대적인 가치를 통해서 채우려고 시도합니다. 거짓된 실존 속에 살아가게 되는 것입니다. 이런 사람은 결국 자기 자신을 사랑하지 못하게 됩니다. 이처럼 '죽음'은 단순히 숨이 끊어지는 현상을 가리킬 뿐 아니라, 우리가 진정한 삶을 누리지 못하게 만드는 어떤 힘을 가리키기도 합니다. 이렇게 우리의 참된 삶을 방해하는 죽음의 힘을 저는 '죽음의 세력'이라고 부르고 싶습니다.

사람들은 죽음을 극복하기 위해 다양한 시도를 합니다. 노화를 늦추고 질병을 없애기 위해 기술을 개발하고, 범죄와 사고를 줄이기 위해 노력합니다. 여러 사상가들과 철학자들은 죽음 앞에서 어떤 태도를 가져야 하는지 끊임없이 가르칩니다. 하지만 이들은 모두 죽음의 다양한 모습을 보지 못하고 오직 죽음의 일부 모습과만 싸우려고 합니다. 우리가 죽음의 세력을 이기고 진정한 자기 사랑과 삶의 참된 의미를 되찾으려면, 생명의 근원인 하나님의 도움이 필요합니다. 우리는 '죽음을 다스리는 법'을 배워야 합니다. 죽음은 단순한 자연 현상 그 이상입니다. 죽음은 우리의 삶의 가치와 질을 떨어뜨리고, 우리의 궁극적 관심사를 온통 죽음 중심으로 만들어버립니다. 이토록 위험한 죽음을 길들일 때 비로소 우리는 자기 자신과 삶의 진정한 가치를 발견할 수 있을 것입니다. 그것을 발견한 사람만이 부활과 영생을 '영원한 안식을 방해하는 저주'로 여기는 대신 진정한 축복으로 받아들일 수 있습니다.

성경은 우리에게 이 모든 형태의 죽음에 대하여 하나님의 위로의 말씀을 전하고 있습니다. 죽음을 다스리는 것은 그 위로의 말씀에 귀를 기울이는 것에서부터 시작됩니다.

너 자신을 사랑하라

언젠가는 누구에게나 질병과 노화가 찾아오고, 장애가 생길 수 있으며, 모두가 결국 육체적인 죽음을 맞이합니다. 그런데 우리는 피할 수 없는 이러한 현실을 단순한 객관적 사실로 생각하지 못합니다. 이것들이 참을 수 없는 괴로움으로 다가오는 것은 우리가 **추함, 장애, 질병**을 사회의 기준과 남들의 시선으로 판단하기 때문입니다. 우리의 괴로움은 여기에 있습니다. 하지만 이러한 기준은 절대적이지 않습니다. 진정한 우리의 가치는 이렇게 결정될 수 없습니다. 이러한 괴로움은 내가 하나님의 사랑, 다른 사람들의 사랑, 스스로의 사랑을 받을 수 없다는 오해 때문인지도 모르겠습니다.

인기와 사랑은 다르다

나 자신이 사랑받을 수 없을 거라는 오해는 사랑과 인기가 같은 것이라고 착각할 때 생겨납니다. 사랑은 인기와는 전혀 다릅니다. 시대와 사회가 원하는 특정한 모습을 가진 사람이 한 시절 인기를 얻을 수 있겠지만, 그와 달리 사랑은 사람 대 사람, 인격 대 인격 간에 이루어지는 것입니다. 많은 인기를 누리는 사람에게도 사랑이 없을 수 있고, 인기가 없는 사람이 충만한 사랑 속에서 살아갈 수도 있습니다. 둘은 별개입니다.

창세기에는 레아와 라헬 자매가 등장합니다. 성경은 노골적으로 레아는 못생겼고, 라헬은 아름다웠다고 말합니다. 둘의 아버지 라반의 눈에도 그랬나 봅니다. 라반 밑에서 일하던 야곱은 라헬에게 반했고, 결혼을 조건으로 7년이나 무보수로 라반의 집에서 일했습니다. 하지만 결혼 첫날 밤, 라반은 약속한 라헬이 아니라 레아를 야곱에게 보냅니다. 당시에는 밤에 환하게 불을 켤 수 없었으니 얼굴을 제대로 알아볼 수 없었겠지요. 날이 밝자 눈을 뜬 야곱은 라헬이 아니라 레아가 옆에 있는 것을 보고 라반을 찾아가 불같이 화를 냅니다. 레아에게는 이 모든 일들이 얼마나 서러웠을까요?

그러나 하나님은 레아를 사랑하셨습니다. 오늘날 우리 시대와는 괴리가 있지만, 당시에는 자녀를 낳는 여성, 특히 아들을 낳는 여성은 하나님의 축복을 받았다며 가장 큰 칭송을 받았습니다. 그런 시절에 레아가 아들을 낳은 것입니다. 그렇게 레아는 하나님께 사랑을 받았고, 야곱과도 사랑을 나누었고, 또한 무엇보다 스스로를 사랑할 수 있었습니다. 자식들도 어머니 레아를 사랑했습니다.

야곱이 레아를 사랑했음은 야곱이 레아의 죽음을 대하는 태도에서 잘 드러납니다. 야곱은 레아가 세상을 떠나자, 가문의 선산이라 할 수 있는 헤브론의 '막벨라 굴'에 그녀를 안치합니다.(반면 라헬이 죽었을 때는 베들레헴 길에 장사하여 묘비를 세우기만 합니다.) 그저 법을 지키기 위한 것이었을지는 몰라도, 야곱은 레아를 정식 부인으로 인정했으며, 이는 그 시절 배우자에 대한 최고의 예우였습니다. 레아는 인기는 없었을지 모르지만 누구보다 사랑 속에서 살아간 사람이었습니다.

그에 비해 인기는 많았지만, 사랑을 받지 못했던 사람이 있습니다. 바로 성경에서 가장 아름다운 외모로 칭송받던 왕자 압살롬이었습니다.

"온 이스라엘 가운데에서 압살롬 같이 아름다움으로 크게 칭

찬 받는 자가 없었으니 그는 발바닥부터 정수리까지 흠이 없음이라"(삼하 14:25)

특히 압살롬은 풍성하고 아름다운 머리털 때문에 인기가 있었습니다. 압살롬이 왕위를 차지하기 위해 아버지 다윗에게 반역하여 내전을 일으켰을 때의 일입니다. 전투 중 노새를 타고 달려가던 압살롬은 그 자랑스러운 머리카락이 나무에 걸리는 바람에 옴짝달싹 못하게 되었고, 결국 아버지의 부하 요압의 창에 찔려 죽게 되었습니다. 압살롬의 죽음 이야기는 아름다움의 허상을 보여주는 아이러니입니다.

아름다움이나 인기는 사랑을 보장해주지 않습니다. 사랑은 사람과 사람 사이의 인격적인 관계에서 비롯되기 때문입니다. 그러니 나는 아름답지 못하니까 사랑받지 못할 거라는 생각은 허상입니다. 아름답고 못난 것은 상대적입니다. 하나님과 타인과 내가 맺는 인격적 관계는 누구에게나 허락되어 있습니다. 우리는 인기를 얻기 위해서가 아니라 진정한 사랑을 위해 아름다운 '마음가짐'을 추구해야 합니다.

인류를 위한 축복, 장애

아름다움과 추함이 상대적인 것처럼, 생명의 관점에서는 장애도 상대적입니다. 장애는 흔히 몸이나 마음의 일부 기능을 쓰지 못하는 경우를 가리킵니다. 그런데 진화의 역사를 보면 몸의 기능은 환경에 따라 필요가 없어지면 퇴화하기도 하고 유용한 것이 새롭게 생겨나기도 했습니다. 그러니 훨씬 더 넓은 역사의 관점으로 볼 때 우리 몸의 기능도 상대적인 것입니다. 다른 생물들이 인간을 본다면, 날개가 없어서, 아가미가 없어서, 털이 부족하고 체온 유지가 어려워서 '장애'를 가진 존재가 아니냐고 물을지도 모릅니다. 그러나 그렇게 생각하는 사람은 극히 드물 것입니다. 기능은 상대적인 것이고, 몸의 기능으로 모든 것을 해결하지 않아도 될 만큼 기술과 지식을 활용할 수 있기 때문입니다.

다른 한편, 인간이 지구에 자리를 잡고 문명을 이룩한 이래로 사람들은 너무도 오랫동안 장애를 사회적 쓸모의 관점에서 판단해왔습니다. 우생학은 그런 흐름이 가장 절망적이고 악하게 드러난 것이었습니다. 1930년대에 유전자 검사를 통해 '열등한' 사람들에게 불임 수술을 강제한 우생학 정치로부터, 장애인을 학살하는 등 끔찍한 일들이 히틀러 치하에서 이루어졌습니다. 오늘날에도 여전히 많은 사람들이 차별 의식에 맞서 싸우고 있지만, '우월한 유전자'를 거래하는 일은 여전히 존재하며 일부 학자들은 심지어 이를 정당화하기까지 합니다.

성경에서 장애를 가진 사람들이 차별을 당하거나 '정상'으로 치유되는 모습을 보면서, 우리는 '장애란 결국 비정상이고 치유되어야 할 것에 불과하지 않은가' 하는 인상을 받기도 합니다. 레위기의 법에 따르면 장애인은 거룩한 제사와 관련된 일에 참여할 수 없었습니다.(레 21:16-23) 그러나 레위기가 모든 장애인을 제사 일에서 배제한 것은 아닙니다. 이 구절은 특정한 일을 하는 데 부담이 있는 사람들을 무리한 요구로부터 해방시켜주려는 의도가 담겨 있습니다. 하나님은 장애를 가진 사람들을 부당하게 대우하는 것을 대단히 엄중하게 꾸짖으십니다. 레위기의 다른 구절은 이렇게 이야기합니다.

"청각 장애가 있는 사람을 저주해서는 안 된다. 시각 장애가 있는 사람 앞에 걸려 넘어질 것을 놓아서는 안 된다. 너는 하나님 두려운 줄을 알아야 한다."(레 19:14)

내게 장애가 있다면, 이것은 하나님의 저주가 아닙니다. 하나님은 장애인을 저주하거나 장애인의 취약한 부분을 공격하는 사람을 벌줄 것이라 엄하게 경고하십니다. 아직 우리 사회의 미숙함으로 인해, 장애인은 비장애인에 비해 훨씬 많은 불편과 차별을 감수하며 살아가고 있습니다. 장애인을 향한 비난의 손가락을 돌려 사회의 불공정과 불의를 향하게 해야 합니다. 차별은 하나님의 뜻이 아닙니다.

성경에는 장애를 '고치는' 여러 장면이 있습니다. 하지만 그런 장면들의 초점은 단순히 장애를 없애는 것에 있지 않습니다. 핵심은 장애가 하나님의 저주라고 착각하는 사람들에게 그런 생각이 틀렸다는 점을 깨우치는 것입니다.

그중 가장 유명한 이야기는 예수님께서 시각장애인을 보게 하는 요한복음의 장면입니다. 시각장애를 가지고 태어난 사람을 두고서 예수님의 제자들은 '이 사람이 시각장애인으로 태어난 것은 자기의 죄 때문인지, 부모의 죄 때문인지' 예수님께 묻습니다. 그러자 예수님은 누구의 죄도 아니라고 선언하십니다. 그리고 '그를 통해 하나님의 일을 나타내시기 위함'이라고 말씀하시며 그를 고쳐주십니다. 우리는 이 이야기를 오해해서는 안 됩니다. 예수님은 자신의 치유 능력을 보여주시기 위해 오랜 세월 보지 못하도록 그를 학대한 것이 아닙니다. 요한복음은 상징으로 가득 찬 복음서입니다. 요한복음은 진리를 보는 사람은 오직 바로 그 시각장애인이라는 것, 즉 세상이 저주받았다고 말하며 비난하는 그 사람만이 진

정으로 진리를 본다는 것을 말하고자 이 이야기를 남겼습니다.(요 9:41 참고)

신발 없이 맨발로 길거리를 걷는다면 얼마 가지 않아 발을 다치거나 아파서 걷지 못하게 될 것입니다. 신발이라는 도구의 도움이 없이는 제대로 걸을 수 없습니다. 그렇다면 신발 없이 걸어다닐 수 있는 사람이 신발에 의지하는 많은 사람들을 차별해도 되는 것일까요? 그렇지 않습니다. 이와 마찬가지로 목발이나, 휠체어 없이 걷지 못하거나 걷기를 어려워하는 사람이 있을 뿐입니다. 맨발로 걷는 것의 어려움이 신발을 발전시켰듯, 장애는 우리에게 세상을 새롭게 경험하는 방향으로 우리를 도전하고 이끌어줍니다. 장애와 함께, 장애인과 함께 살아가는 것은 하나님의 뜻이자 곧 인류 발전의 지름길입니다. 진정한 치유는 장애를 없애는 것이 아니라, 장애로 인한 불편과 차별을 없애는 것입니다.

삶은 '얼마나 오래'보다는 '어떻게'이다

온갖 질병이 우리를 에워싸고 있습니다. 노화와 질병은 여전히 인류의 숙제이지만, 의료는 놀라운 발전을 거듭해왔습니다. 과거에는 상상도 할 수 없었던 지식과 기술이 생겨났고 의료 서비스에 대한 접근성이 높아지면서 사람들은 수많은 아픔에서 해방되었고, 기대 수명은 크게 늘어났습니다. 깨끗한 위생, 충분한 의약품 등이 옛날과는 비교할 수 없는 삶의 기반을 마련했습니다.

그럼에도 여전히 어린 나이부터 아픔에 시달리거나, 병 때문에 젊음을 즐기지 못하는 사람들이 많습니다. 고통 때문에 약에서 벗어나지 못하며, 장기적인 인생 계획을 세울 수 없는 짧은 기대 수명 때문에 절망하는 사람들도 있습니다. 이들에게 에녹 이야기의 위로와 희망을 전하고 싶습니다.

성경은 옛 시대 사람들의 나이를 과장하여 기록했습니다. 창세기는 최초의 사람들이 한때 팔구백 년을 살았다고 말합니다. 하지만 에녹은 고작 365세를 살았습니다. 남들의 3분의 1도 살지 못한 것입니다. 비교적 삶의 여건이 개선된 19세기에도 평균 수명은 40세였고 영아 사망률은 50%를 기록했는데, 에녹이 살았던 수천 년 전의 세상은 과연 얼마나 가혹한 환경이었을지 상상조차 어렵습니다. 당시에 병의 아픔과 이른 죽음은 너무도 흔하고 가까운 일이었습니다.

그렇다면 천 년 가까이 살았다는 시대에 에녹이 365세를 살았다는 기록은, 어찌 보면 단명한 에녹을 위로하기 위해 그 나이를 늘려 놓은 것일지도 모르겠습니다. 기록된 나이를 현실적으로 19세기 평균 수명에 맞추어 20분의 1로 줄여서 생각해보겠습니다. 그러면 에녹은 불과 10대 중후반이나 20대 초중반에 목숨을 잃은 셈이 됩니다. 성경은 에녹의 삶에 대해 별다른 이야기 없이, 그가 하나님과 동행하며 자녀를 낳았다는 것과 하나님과 동행하던 그를 하나님이 데려가셨다는 말만 전해줍니다.

고대 사람들은 오래 사는 것이 곧 하나님의 복이라고 여겼습니다. 그런데 하나님과 동행했다고 기록된 사람은 다름 아닌 당대 사람들보다 훨씬 짧은 삶을 살았던 에녹이었습니다. 이것은 무엇을 의미할까요? 만약 단 하루라도 충만하게 살 수 있다면, 그 삶의 농도는 수백 년을 산 사람보다 훨씬 짙다는 뜻일 것입니다. 시편에서도 오래 사는 것만을 자랑하는 일의 덧없음을 노래합니다.

"인생은 기껏해야 칠십 년, 근력이 좋아야 팔십 년, 그나마 거의가 고생과 슬픔에 젖은 것, 날아가듯 덧없이 사라지고 맙니다."(시 90:10)

우리 삶의 아름다움은 얼마나 오래 사느냐에 달려 있지 않습니다. 우리 삶의 진정한 가치는 하나님과의 동행함에 있습니다.

우리의 존엄은 무너지지 않는다

모든 인간은 태어날 때부터 존엄한 존재입니다. 인간의 존엄성은 세계 여러 나라의 헌법에도 명시되어 있을 정도로 인류가 발견한 가장 위대한 가치입니다. 성경도 마찬가지로 인간을 '하나님의 형상'으로 표현하며 인간의 존엄성을 강조합니다. 시편에서는 인간의 존엄성을 이렇게 노래합니다.

"사람이 무엇이기에 이토록 생각해 주시며 사람이 무엇이기에 이토록 보살펴 주십니까? 그를 하느님 다음가는 자리에 앉히시고 존귀와 영광의 관을 씌워주셨습니다."(시 8:4-5)

하지만 현실을 보면 모든 사람이 존엄함을 온전하게 누리지는 못하고 있습니다. 특히나 가난, 폭력, 소외는 우리의 존엄을 위협하는 세 가지 그림자로 다가옵니다. **가난**은 인간의 기본적인 욕구조차 충족시키지 못하게 하며, 존엄성을 짓밟는 굴레입니다. '나는 가난하다'는 생각이 우리의 자존감을 낮추고 희망을 잃게 만듭니다. **폭력**은 몸과 마음에 상처를 남기며 사회를 두려움으로 뒤덮습니다. '나는 피해자다'라는 상처가 우리를 움츠리게 하고 세상과의 단절을 심화시킵니다. **소외**는 사회 구성원으로서의 소속감을 박탈하고, 외로움과 고립감을 심화시킵니다. '나는 소수자다'라는 벽이 우리를 더욱 외롭게 만들고 사회 참여를 위축시킵니다.

이 세 가지 그림자는 우리의 존엄을 짓밟고, 행복을 추구할 힘을 박탈합니다. 하지만 우리는 절망해서는 안 됩니다. 하나님께서 친히 우리가 존엄한 존재임을 말씀하셨으며, 박탈당한 존엄을 회복시키고 우리의 존엄을 입증해 주실 것을 약속하셨습니다. 하나님과 함께, 우리는 이 그림자에 맞서 싸워야 합니다.

돈으로부터 존엄을 지키자

사람들은 돈이 많다고 꼭 행복한 삶을 사는 것은 아니라고 말은 하지만, 누구나 부자가 되고 싶어합니다. 우리는 은연중에 돈이 행복의 조건이라고 믿는 것 같습니다. 더 가진다고 해서 정말로 남과 비교하는 마음이 줄어들까요? 정말 돈이 더 있다면 나의 불만과 불안이 사라질까요? 존엄한 삶과 돈의 관계에 대해서 성경이 무엇이라고 말하는지 살펴봅시다.

첫째, 행복은 돈과 비례하지 않습니다. "마른 빵 한 조각을 먹으며 화목하게 지내는 것이, 진수성찬을 가득히 차린 집에서 다투며 사는 것보다 낫다."(잠 17:1) 성경은 가난하면서도 행복한 삶이 있고, 풍요로우면서도 불행한 삶이 있다고 말합니다. 돈이 많다고 해서 행복이 저절로 커지는 것은 아닙니다. 필요 이상의 재물은 오히려 갈등과 불안을 불러오고 행복을 방해할 수 있습니다.

둘째, 존엄성은 돈과 비례하지 않습니다. 돈에 대한 욕심은 우리의 존엄성을 훼손합니다. "돈을 사랑함이 일만 악의 뿌리이다."(딤전 6:10) 성경은 선을 향하고 있을 때라야 인간이 존엄하게 살 수 있다는 것을 보여줍니다. 구약성경에는 7년마다 모든 빚을 면제하는 '면제년'과 50년마다 시행하는 희년 제도를 통해서 사회적 불평등을 해소하려고 했습니다.(레 25장, 신 15장) 이는 공동의 모든 사람이 존엄한 삶을 누릴 수 있게 하는 하나님의 방법이었습니다. 구약성경의 많은 예언자들은 부당하게 재물을 모은 부자들을 비난했습니다. 예수님은 돈과 하나님을 함께 섬길 수 없고, 나눔과 구제를 통하여 '하늘에 보물을 쌓아두는 것'만이 하나님 나라에 들어가는 길이라 말씀하시기도 했습니다. 심지어 부자 청년에게 가진 것을 모두 팔아 나누라고까지 말씀하셨습니다. 예수님을 만난 세금 징수원 삭개오는 자신의 재산을 다 나누어줄 뿐만 아니라 부당하게 취한 이득은 네 배로 갚겠다고 했습니다. 돈에 대한 욕심에서 벗어나 선을 향할 때 나 자신에게도 공동체에도 존엄한 삶이 회복될 수 있습니다.

셋째, 소명을 발견하고 '청지기 정신'을 가져야 합니다. "먼저 하나님 나라와 그 의를 구하라."(마 6:33) 우리는 재물을 청지기, 즉 재산 관리인의 마음으로 대해야 합니다. 우리가 가진 것은 모두 하나님이 맡기신 것입니다. 재물을 어떻게 써야 할지 배우고 지혜를 길러야 합니다. 예수님께서 우리에게 친히 알려주신 기준은 '먼저 하나님 나라와 그 의를 구하라'라는 말씀입니다. 즉 인생의 소명, 곧 하나님이 맡기신 사명이 재산의 진정한 쓰임새인 것입니다. 목적과 소명이 없는 사람은 끝없이 가지려고만 합니다. 아무리 몸에 좋은 음식이라도 과식을 하면 우리의 몸을 망치는 것처럼, 절제가 없고 욕망을 다스리지 못할 때 우리는 상대적 박탈감에 빠지고 가난을 원망하는 사람이 되고 맙니다.

넷째, 탐심과 질투는 존엄성을 잃게 만듭니다. 십계명은 이웃이 가진 것을 질투하지 말라고 명령합니다. 사도 바울은 탐심이 곧 우상숭배라고 말했습니다. 우리의 존엄이 진정으로 박탈당하는 때는 남이 내 존엄을 짓밟을 때가 아니라 스스로 탐심과 질투에 빠져 소명에 무관심해지는 순간입니다. 돈은 우리 삶의 도구일 뿐, 목적이 아니라는 것을 잊어서는 안 됩니다. 돈의 욕망에서 벗어나 소명을 찾을 때, 진정한 행복과 존엄을 되찾을 수 있습니다.

선으로 악을 이기라

성경은 에덴에서 쫓겨난 인간이 처음 저지른 죄악은 다름아닌 폭력이라고 말합니다. 아담과 하와의 아들 아벨은 형 가인에게 살해당하며, 이는 인간 역사의 어두운 시작을 알렸습니다. 성경은 이후 수많은 폭력의 이야기를 담고 있습니다. 지금도 폭력은 우리 사회의 짙은 그림자로 드리워져 있습니다.

시편 137편은 바빌로니아에 포로로 끌려간 이스라엘 사람들의 고통을 노래합니다. 고향을 정복해 모든 것을 빼앗기고 짓밟혀 끌려온 이스라엘 사람들은 분노와 슬픔을 토로하며, 가해자들의 응징을 바라는 마음을 노래했습니다.

"우리를 사로잡아 온 자들이 거기에서 우리에게 노래를 청하고, 우리를 짓밟아 끌고 온 자들이 저희들 흥을 돋우어 주기를 요구하며, 시온의 노래 한 가락을 저희들을 위해 불러 보라고 하는구나. 우리가 어찌 이방 땅에서 주님의 노래를 부를 수 있으랴 … 멸망할 바빌론 도성아, 네가 우리에게 입힌 해를 그대로 너에게 되갚는 사람에게, 복이 있을 것이다. 네 어린 아이들을 바위에다가 메어치는 사람에게 복이 있을 것이다."(시 137:3-4, 8-9)

피해자의 끓어오르는 감정이 고스란히 느껴집니다. 힘없는 사람들은 항상 폭력에 속수무책으로 당하고, 굴욕감과 무력감이 피해자를 괴롭힙니다. 하지만 우리는 폭력을 당했다고 해서 굴욕과 무력함에 압도당해서는 안 됩니다. 그렇다면 폭력 앞에서 우리는 어떤 태도를 가져야 할까요?

먼저 폭력을 마주한 우리의 마음에 두려움이 일어나는 것은 위험에 대응하기 위한 자연스러운 생리적, 심리적 반응이라는 것을 인정해야 합니다. 다윗은 자신을 죽이려는 사람들 틈에서 살아남기 위해 침을 흘리며 미친 척을 하는 굴욕을 경험했습니다. 예수님께서도 고향 사람들이 자신을 낭떠러지에서 떨어트려 죽이려 할 때, 맞서 싸우지 않고 도망치셨습니다. 도망은 비겁하거나 용기 없는 행동이 아니라 지혜로운 전략입니다. 우리는 피할 수 있는 상황이라면 힘을 다해 피해야 합니다. 그리고 세상과 하나님을 향해 도움을 요청해야 합니다. 평소에 잘 느껴지지 않더라도 우리 곁에는 도움을 줄 사람들이 있습니다.

폭력 앞에서 분노가 일어나는 것 역시 마찬가지입니다. 부당한 폭력에 맞서는 분노는 정당한 감정입니다. 여기에 죄책감을 느낄 필요는 없습니다. 온갖 폭력과 불의를 향한 적절한 분노는 하나님이 허용해주신 것임을 앞의 시편을 통해서 알 수 있습니다.

한편으로 극심한 폭력에 트라우마를 가지고 살아가는 사람들도 있습니다. 두 가지를 기억해야 합니다. 첫째, 트라우마는 결코 극복할 수 없는 상처가 아닙니다. 시간이 지나면 나아질 수 있다는 희망을 가져야 합니다. 둘째, 우리는 하나님께 모든 것을 토로할 수 있습니다. 앞에서 살펴본 시편의 내용처럼, 하나님께 복수를 해달라고 하거나 하나님을 원망을 해도 괜찮습니다. 시편은 이렇게 말하고 있습니다.

"백성들아 시시로 그를 의지하고 그의 앞에 마음을 토하라 하나님은 우리의 피난처시로다"(시 62:8)

하나님은 우리의 모든 하소연을 받아주고 들어주시는 분입니다. 사람들에게 말할 수 없는 것이라고 해서 하나님에게 까지 속마음을 감출 필요는 없습니다.

한편으로 예수님은 폭력 앞에서 우리의 인간성이 어느 정도까지 강해질 수 있는지를 보여주셨습니다. 원수를 사랑하라는 말씀은 폭력 앞의 인간이 보여줄 수 있는 가장 높은 경지입니다. 이 말씀은 지금 당장 가해자를 용서하고 친구가 되라는 이야기가 아닙니다. '원수 사랑'이 뜻하는 것은 하나님을 의지하는 사람이라면 그 어떤 폭력에도 완전히 무너지지 않는다는 것입니다. 우리가 폭력 앞에서도 마음의 평화와 행복을 지키며, 언젠가 있을 하나님의 심판을 기다리는 희망을 가질 수 있다는 뜻입니다. 우리도 사도행전의 스데반처럼, 나를 반대하고 죽이려 하는 사람들 속에서도 그들을 긍휼히 여기는 강인한 마음을 가질 수 있다는 약속입니다.

폭력으로 인한 상처는 치유될 수 있으며, 우리의 마음은 더욱 강해질 수 있습니다. 내 앞의 폭력은 결코 내 안의 영혼보다 강할 수 없습니다.

소외된 사람들을 사랑하시는 하나님

남들과 '다른' 존재로 살아간다는 것은 쉽지 않은 일입니다.

사람들 앞에 자신을 숨겨야 하고, 무시와 차별에 상처받고, 세상이 결코 변하지 않을 것 같은 절망감에 빠지기도 합니다. 기독교는 사회적 소수자들에게 무어라 말해줄 수 있을까요?

성경이 소수자들에게 관심을 두지 않는 것처럼 보일 수 있습니다. 기독교가 성소수자를 정죄하는 종교라는 인식도 적지 않습니다. 사실 기독교는 과거에 인종차별과 성차별에 앞장서왔습니다. 하지만 기독교는 그 두 가지 차별의 역사를 고백하고 뉘우쳤습니다. 겉으로는 잘 보이지 않을지도 모르지만, 지금도 많은 교파와 신학자들은 교회가 아직도 차별에 앞장서고 있음을 반성하고 변화를 요구하고 있습니다. 인종차별과 성차별이 서서히 사라져가고 있듯, 소수자들을 죽음에 이르게 하는 혐오 문화도 결코 승리하지 못할 것입니다.

역사적으로 인류는 모든 사람의 존엄성을 지키기 위해 노력해 왔습니다. 세상은 점점 더 존엄이 보호받을 수 있도록 변해왔습니다. 우리는 포기하지 말고 이런 노력을 계속하고 힘을 보태야 합니다. '하나님의 선교'라는 용어 역시 이런 뜻과 통합니다. 성경은 언제나 약자와 소외된 자들에 대한 관심과 사랑을 강조합니다. 하나님은 '고아와 과부'를 돌보라고 늘 명령하시며, 예수님도 '세리와 죄인'들과 함께하며 그들을 위로하고 희망을 주셨습니다. 또 "지극히 작은 자 하나에게 한 것이 곧 내게 한 것"(마 25:40)이라고 말씀하시며, 힘없는 사람, 소외된 사람을 소홀히 하지 말라고 가르치셨습니다.

특히 오늘날 사회와 교회의 가장 소외된 이들은 바로 성소수자일 것입니다. 어떤 사람들의 생각과 달리, 사실 성경은 LGBTQ+에 대해 명확한 입장을 가지고 있지 않습니다. 동성 관계나 성별의 차이를 언급하는 구절이 있지만, 이는 오늘날 새롭게 발견된 성적 지향과 성 정체성 개념을 말하는 것이 아닙니다. 성경은 고대 문화의 특정한 관행과 상황을 다루고 있을 뿐입니다. 그런 구절들은 우상 숭배, 성적인 억압과 착취 등을 부도덕하고 부자연스럽다고 말하지만, 성적 지향과 정체성이 어떠하든지 평등하고 헌신적이며 충실한 사랑의 관계를 정죄하지는 않습니다.

성경에는 정의, 자비, 포용, 다양성, 사랑 등 인간의 존엄성과 관련된 주제가 많이 다루어집니다. 하나님께서는 인간을 하나님 당신의 형상대로 창조하셨으며 우리 모두를 사랑하시고 우리의 안녕과 행복을 바라십니다. 예수님은 모든 사람, 특히 소외되고 억압받고 거부당한 사람들을 구원하고 섬기기 위해 오셨습니다. 성령은 누구든지 그리스도를 따르는 모든 사람에게 힘을 주고 인도하시는 분이십니다. 이 모든 것은 하나님의 창조물의 다양성과 아름다움을 드러내는 일입니다. 그러니 성소수자가 기독교인이 되는 것은 가능할 뿐만 아니라 아름답고 풍요로운 일입니다. 누구도 자신의 성 정체성 때문에 정죄받거나 거부당했다고 느낄 필요가 없습니다. 하나님은 우리를 있는 그대로 사랑하십니다.

하나님은 나를 잊지 않으신다

항구에 배가 한 척 있습니다. 오래된 배라, 이곳저곳 부품을 교체한 흔적이 보입니다. 그런데 만약 세월이 흘러 배가 처음 만들어졌을 때의 부품이 남김없이 대체된다면, 그때의 배는 처음의 배와 같은 배라고 할 수 있을까요?

이 문제를 '테세우스의 배' 혹은 '테세우스의 역설'이라고 합니다. 배의 부품이 점차 교체되는 것처럼, 우리의 몸도 죽은 세포를 새로운 세포가 대체하면서 완전히 변화합니다. 하지만 그럼에도 우리 자신이 여전히 같은 사람으로 남아있다고 느끼는 것은 몸은 변해가도 우리의 기억과 정신이 그대로 남아 있다고 생각하기 때문입니다. 인간의 정체성에서 기억은 이토록 중요합니다.

그런데 우리가 기억을 잃는다면 어떻게 될까요? 치매와 같이 기억을 잃고 성격이 변하는 상황은 우리를 서글픈 두려움 속에 사로잡습니다. 치매는 자기 존재에 대한 확신을 심각하게 위협하는 '정체성의 죽음'과도 같습니다. 실제로 오늘날 노년층이 가장 두려워하는 질병이 바로 치매라고 합니다. 사랑하는 사람들을 잊어버리고, 자기 자신조차 누구인지 알수 없게 될 것이라는 두려움이 우리를 괴롭힙니다. 어떤 사람들은 치매에 걸리면 특히 하나님을, 신앙을 잊게 될까 봐 두려워하기도 합니다.

그러나 하나님은 우리를 모태에서부터 만드신 분이시며(시 139:13), 우리의 머리카락 하나까지 세시는 분이십니다.(마 10:30; 눅 12:7) 비록 우리가 우리 자신을 잊어버릴지라도, 하나님께서 우리 모두를 기억하고 계속 사랑하십니다.

어떤 사람들은 신앙고백이 구원의 증거라고 주장합니다. 누군가가 구원받았다고 말할 수 있으려면 신앙고백의 내용을 자신의 생각과 의지로 이해하고 믿을 수 있어야 한다는 것입니다. 이런 말을 들으면 우리는 두려움에 빠집니다. 정말로 기억이 사라지고 무언가를 이해할 수 있는 능력을 잃어

버린다면 구원도 없어지는 것일까요? 그렇게 생각해서는 안 됩니다. 신앙고백은 지식이 아니라 하나님과 나 자신이 화해했다는 것에 대한 감탄이자 새로운 삶의 결단입니다. 자신의 머리로, 의지로 고백할 수 있는 신앙고백은 그런 것이 가능한 사람들만을 위해 만들어진 것입니다. 누군가가 '일하지 않는 자는 먹지도 말라'는 구절을 보고, 여러 가지 이유로 일할 수 없는 사람에게 가서 '당신은 먹을 자격이 없다'라고 말한다면, 그 얼마나 어리석은 일일까요? 치매는 저주도 아니고 신앙 없음의 증거도 아닙니다. 하나님은 우리의 모든 상황을 아시고 연약함을 감싸주시며 우리 몸의 상태가 어떻게 변하든지 늘 함께하십니다.

다시 앞으로 걸어가자

앞에서는 나 자신을 사랑할 수 없게 만드는 생각들, 우리의 존엄을 짓밟는 그림자들에 대해 살펴보았습니다. 그런데 참된 실존으로부터 우리를 멀어지게 만드는 그것들을 물리친 뒤에도 우리는 남아 있는 문제를 발견하게 됩니다. 우리가 어디로 가야 할지 알 수 없게 만드는 고독과 무의미입니다. 우리는 이것들을 넘어서 다시 앞으로 나아가야 합니다.

새 출발, 홀로 서기, 함께 나아가기

인간은 본질적으로 외로운 존재입니다. 아무도 없는 순간 느끼는 공허함, 진정한 관계를 갈망하는 마음이 너무나도 자주 우리를 옭아맵니다. 아무도 나를 이해하지 못할 거라는 절망감은 마치 죽음처럼 우리를 괴롭힙니다.

하지만 관계는 닫혀 있거나, 고정되어 있지 않습니다. 우리는 언제든 새로운 관계를 맺을 수 있습니다. 이와 동시에 우리는 홀로 선다는 위대한 선택을 할 수도 있습니다. 성경에는 깊은 고독에 빠져 있다가 삶을 새롭게 시작하게 된 두 사람이 등장합니다. 모든 것을 잃고 하나님에게 버림받았다고 생각한 욥의 이야기와, 돌에 맞아 죽을 뻔한 여인의 이야기입니다.

어느 날, 잔혹한 재앙이 갑자기 욥의 인생을 집어삼켰습니다. 사랑하는 자식들을 잃고, 힘겹게 모은 재산도 모두 잃었으며, 아내마저 자신을 저주하고, 심지어 고통스러운 피부병까지 앓게 되었습니다. 세상의 모든 불행이 욥에게 몰려 온 듯했습니다. 친구들의 위로는 상처를 달래기는커녕 오히려 고통을 더욱 깊게 만들었습니다. 욥은 깊은 절망에 빠져 차라리 자신이 태어나지 않았더라면 좋았겠다고 생각할 정도에 이릅니다. 욥은 하나님을 원망했습니다.

"하느님께서는 나를 악당에게 넘기시고 마침내 악인의 손에

내맡기셨구나. 평안을 누리던 나를 박살내시려고 덜미를 잡고 마구 치시는구나. 나를 과녁으로 삼아 세우시고 사방에서 쏘아 대시는구나. 눈 하나 깜짝하지 않고, 나의 창자를 터뜨리시고 쓸개를 땅에 마구 쏟으시다니. 갈기갈기 찢고 또 찢으려고 군인처럼 달려드시네."(욥 16:11-14)

욥은 고통 속에 있었지만 '말이라도' 할 수 있었습니다. 반면 말조차 할 수 없는 사람이 있었습니다. 요한복음에는 불륜의 누명을 쓰고 돌에 맞아 죽을 뻔한 여인의 이야기가 있습니다. 인간관계는 고사하고 인간 취급도 받지 못한 그녀는 광장에 끌려나와 죽음의 공포에 떨고 있었습니다. 사람들의 손에는 그녀에게 던지기 위한 돌이 들려 있었고 그녀를 향한 눈에는 세상의 모든 정죄가 담겨 있었습니다. 그 자리에 있던 예수님은 그녀를 위해 그 유명한 말을 하셨습니다.

"너희 중에 죄 없는 자가 먼저 돌로 치라."(요 8:7)

이 말을 들은 사람들은 하나둘씩 자리를 떠났습니다. 이렇게 예수님은 이 여인을 구원하셨습니다. 그리고 여인에게 용서와 새 출발의 기회를 주셨습니다.

욥과 돌에 맞아 죽을 뻔한 여인은 모두 고독과 절망에 놓여 있었습니다. 그러나 둘은 모두 이야기의 결말에서 반전을 맞이합니다. 욥은 새로운 가족과 함께 남은 인생을 시작할 수 있었고, 이름 없는 여인에게는 새로운 출발이 허락되었습니다. 두 이야기에서처럼 하나님은 고독과 외로움 속에 있는 우리의 손을 잡고 일으키십니다. 새로운 관계와 새로운 정착지, 새로운 가족을 찾아 가라고 말씀하십니다.

한편 우리는 '홀로 서기'에 대해서도 생각해 볼 수 있습니다. 인간이 사회적 동물이라고는 하지만, 때로는 하나님과의 관계 속에서 강인하게 홀로 살아갈 수도 있습니다. 하나님을 의지해서 훌륭하게 '홀로 선' 선지자 엘리야의 이야기를 살펴봅시다.

엘리야에게는 적이 많았습니다. 엘리야는 왕과 왕비뿐 아니라 850명의 이방 예언자들에 맞서 홀로 야훼의 예언자로 싸웠습니다. 정의를 위해 위험을 무릅쓰고 나섰으며 심지어 승리를 쟁취했지만, 그의 곁에는 아무도 없었습니다. 고독과 외로움이 엘리야의 마음을 짓눌렀고 그는 죽음을 바랄 정도로 절망했습니다.

"… 그는 죽여달라고 기도하였다. '오, 야훼여, 이제 다 끝났습니다. 저의 목숨을 거두어주십시오. 선조들보다 나을 것 없는 못난 놈입니다' … 이제 예언자라고는 저 하나 남았는데 그들이 저마저 죽이려고 찾고 있습니다."(왕상 19:4, 10)

광야에 홀로 숨어 절망하고 지친 엘리야는 잠이 들었습니다. 그런데 그에게 놀라운 일이 일어났습니다. 천사가 자신을 깨우더니 음식을 준 것입니다. 엘리야는 숨어서 그저 홀로 먹고 자는 것만 반복했습니다. 광야에서 엘리야는 고독과 우울 때문에 죽고 싶은 감정을 하나님께 여러 번 토로했습니다. 그러다가 그는 모세가 십계명을 받았다는 하나님의 산인 호렙산(시내 산)으로 갑니다. 40일이 걸렸습니다. 아마도 엘리야는 세상으로 돌아가기에 겁을 먹고, 홀로 외롭게 살다가 죽으려고 했는지도 모릅니다. 그런데 그 산의 어느 동굴에서 머물던 그에게 하나님이 찾아오셨습니다. 그에게 용기를 주시고, 그에게 사명을 주셨습니다. 그리고 이렇게 말씀하셨습니다.

"내가 이스라엘 백성 가운데서 바알에게 무릎을 꿇지도, 입맞추지도 않았던 칠천 명을 남겨두리라"(왕상 19:18)

이것은 어딘가에 정확히 칠천 명의 동료가 있다는 말씀이라기보다, 함께할 사람들이 있다는 것, 야훼 신앙을 지키며 불의에 맞서는 사람은 엘리야 혼자가 아니라는 것, 하나님은 그 모든 고독한 자들을 응원하고 계신다는 뜻일 것입니다. 그런 사람들이 엘리야를 적으로 둔 예언자 850명보다 훨씬 많은 7,000명이라니요. 역사 속에는 고독할지라도 하나님 앞에 바로 선 사람들이 불의한 사람들보다 훨씬 더 많습니다. 이것을 깨닫는다면 우리는 홀로 설 수 있습니다. 소명과 사명으로 홀로 선 사람은 외롭지 않습니다. 우리 곁에는 하나님이 계시고, 하나님의 사람들이 있음을 기억합시다.

참새보다 귀하지 아니하냐

마음이 어두울 때면 삶의 의미에 대한 의문이 우리에게 짙은 그림자를 드리웁니다. 나는 왜 태어난 것일까, 도대체 무엇을 하며 살아야 할까, 누군가 정답을 알려주면 좋겠지만 풀리지 않는 물음에 공허함만 깊어갑니다.

그런데 놀랍게도 이미 예수님이 우리가 어떤 존재인지, 우리의 존재 가치가 무엇인지에 대해 말씀하셨습니다.

"공중의 새를 보아라. 씨를 뿌리지도 않고, 거두지도 않고, 곳간에 모아들이지도 않으나, 너희의 하늘 아버지께서 그것들을 먹이신다. 너희는 새보다 귀하지 아니하냐? 너희 가운데서 누가, 걱정을 해서, 자기 수명을 한 순간인들 늘일 수 있느냐? 어찌하여 너희는 옷 걱정을 하느냐? 들의 백합화가 어떻게 자라는가 살펴보아라. 수고도 하지 않고, 길쌈도 하지 않는다. 그러나 내가 너희에게 말한다. 온갖 영화로 차려 입은 솔로몬도 이 꽃 하나와 같이 잘 입지는 못하였다. 오늘 있다가 내일 아궁이에 들어갈 들풀도 하나님께서 이와 같이 입히시거든, 하물며 너희들을 입히시지 않겠느냐? 믿음이 적은 사람들아!"(마 6:26-30)

"참새 두 마리가 한 냥에 팔리지 않느냐? 그러나 그 가운데서 하나라도 너희 아버지께서 허락하지 않으시면, 땅에 떨어지지 않을 것이다. 아버지께서는 너희의 머리카락까지도 다 세어 놓고 계신다. 그러니 두려워하지 말아라. 너희는 많은 참새보다 더 귀하다."(마 10:29-31)

가치에는 '수반적 가치'와 '독립적 가치'가 있습니다. 수반적 가치는 사회·문화적인 쓸모를 가지고 판단한 가치입니다. 반면 독립적 가치는 쓸모와는 상관없이 그 자체로 귀한 가치입니다. 독립적 가치야말로 진정한 가치라고 할 수 있습니다. 예수님의 말씀대로 하나님께는 모든 것이 가치가 있습니다. 하나님만이 진정한 '독립적 가치'를 아십니다. 그분은 심지어 작고 보잘것없는 참새의 가치까지도 알아봐주시며 하나하나 돌보시는데, 하물며 우리 인간의 가치, 나의 가치는 어떨까요? 우리는 하나님의 형상대로 창조된 존귀한 존재입니다. 우리는 우주에서 가장 고귀하고 신성한 가치를 지닌 존재이며, 하나님의 사랑으로 가득 채워져 있습니다.

드넓은 우주와 까마득한 우주의 역사를 생각하면 그에 비해 나 자신은 보잘것없다고 느껴질 수도 있습니다. 그러나 우리가 살아가는 우주와 세상은 마치 거대한 미술관과 같습니다. 우리는 그곳에 가장 존귀하게 자리잡은 작품입니다. 우리의 존재는 그 자체로 온 우주에 빛을 발하며 세상을 아름답게 합니다. 우리는 사회의 톱니바퀴가 아닙니다. 하나님은 우리에게 하나님의 계획에 따라 세상을 가꾸고 변화시키는 소중한 역할을 맡기셨습니다.

이렇게 나의 가치를 깨닫는다고 해도 살아가는 '목적'을 알지 못한다면 허무함을 느끼고 방황할 수 있습니다. 그렇다면 나의 존재 목적을 어떻게 발견할 수 있을까요? 그 길을 기독교에서는 '소명'이라고 부릅니다.

소명은 '신성한 목표에 걸맞은 자율성을 발휘할 때' 찾을 수 있습니다. 먼저 **신성한 목표**란 하나님의 나라를 뜻합니다.

만물을 보존하고 평화롭게 하며, 모든 사람이 사랑하며 사는 세상을 만들어가는 것입니다. 이런 뜻에서 예수님은, 우리 각자가 살아가는 목적과 소명을 발견하기 위해서는 먼저 하나님의 나라와 하나님의 의를 추구하라고 말씀하셨습니다.(마 6:33) 다시 말해 나의 존재 목적을 발견하기 전에 가치관을 세우는 것이 중요하다는 것입니다. 가치관을 세우지 못한 사람은 아무리 대단한 목표를 이뤄낸다고 해도 결국 그것이 진정한 목표가 아니라는 것을 뒤늦게 깨닫고 다시 방황하기 마련입니다.

이렇게 가치관을 세우고 나서 우리는 우리 자신이 **자율성**을 가진 존재라는 것을 깨달아야 합니다. 다시 말해 우리는 각자의 취향에 따라 스스로 존재의 목적을 선택할 수 있는 숭고한 존재라는 것입니다. 우리는 스스로를 계발하고, 스스로를 갈고 닦아 하고 싶은 일을 할 수 있습니다.

그러나 소명은 직업과 일치하지 않을 수 있습니다. 직업은 사회에서 요구하는 것이지만, 소명은 나의 존재 가치를 빛내는 동시에 신성한 목표를 향한 것이기 때문입니다. 그러니 직업과 소명은 다른 개념입니다. 예수님은 목수로 일하셨고, 바울도 천막을 만드는 일을 하며 돈을 벌었습니다. 그러나 예수님과 바울은 직업과 별개로 하나님 나라를 지향하는 소명을 가지고 있었습니다. 목수 일이나 천막 제작이 하나님 나라의 일과 무관하다는 것은 아닙니다. 일상에서 직업을 통해 만물을 보존하고, 사람들에게 기쁨을 줄 수 있는 일은 그 자체로 소명이기도 합니다. 직업과 소명의 불일치는 때때로 일어나는 것이며, 직업 선택과 종교의 자유가 있는 사회에서는 둘을 충분히 일치시킬 수도 있습니다.

2부

부활:
초월적 희망으로의
초대

지금까지 우리는 죽음과 삶에 대한 잘못된 해석에 맞서서 삶의 신앙적 의미에 대해 살펴보았습니다. 우리는 죽음의 세력을 무시하거나, 무작정 피하려 하거나, 포기하고 받아들이는 것이 아니라 불필요하고 거짓된 죽음의 세력에 맞서 참된 실존을 회복해야 합니다.

그럼에도 우리 앞에는 생물학적 죽음이라는 엄혹한 현실이 남아 있습니다. 누구도 이것을 피할 수 없다는 점에서 이 죽음은 절대적인 절망입니다. 이 죽음 앞에서 우리는 어떤 태도를 취해야 할까요? 참된 실존은 초월적인 희망과 더불어 비로소 완성될 수 있습니다.

불안에 맞서는 철학의 유익과 한계

우리의 삶은 대본도 없고 연출도 없는 연극과도 같습니다. 살다보면 우리는 문득 존재의 무대에 던져진 우리 자신을 발견합니다. 그 무대에는 지금까지 수많은 배우들이 다녀갔으며, 앞선 연극의 흔적과 잔해들이 거대한 미로처럼 무대를 가득 채우고 있습니다. 우리는 이 무대가 왜 공연되는지 알지 못한 채 얼떨결에 연기를 이어가고 있습니다.

우리를 더욱 힘들게 하는 것은 이 무대가 언제 어떻게 끝날지 알 수 없다는 점입니다. 대본의 결말인 죽음은 우리를 좌지우지할 수 있지만 우리는 죽음에 대해 아무것도 알지 못합니다. 그래서 우리는 죽음이 있을 것이라는 사실만으로도 불안해지고 무력함을 느낍니다.

그런 죽음에 지혜롭게 맞서고자 노력한 사람들이 있었습니다. 많은 사람들은 죽음의 불안함을 이기지 못하기에 마치 죽음이 존재하지 않는 것처럼 무시하곤 합니다. 하지만 어떤 사람들은 죽음이 올 것을 받아들이고, 죽음을 도리어 좋은 것으로 여기는 태도를 제안합니다. '실존주의 철학'이 바로 그런 경우입니다. 실존주의 철학은 죽음을 피할 수 없는 운명으로 받아들이고, 죽음을 묵상함으로써 우리의 삶을 더욱 귀하게 여길 수 있도록 격려합니다. 분명히 이는 우리가 죽음에 대비하기 위해 배워야 할 유용한 지혜 중 하나입니다.

하지만 실존주의 철학을 모든 사람들이 배우고 익히기는 쉽지 않을 것입니다. 죽음은 분명히 우리에게 알 수 없는 위협으로 느껴지지만, 실존주의 철학은 이러한 직관에 반하여 죽음을 좋은 것으로 생각해야 한다고 말합니다. 하지만 죽음은 추상적이지 않습니다. 현실의 죽음은 다양한 상황과 맥락 속에 있는 구체적인 죽음입니다. 이러한 죽음 앞에서 초연할 수 있는 사람은 많지 않을 것입니다. 나의 죽음이 그 뒤에 남겨질 사람들에게 어떤 영향을 줄지 알 수 없는 상황에서, 죽음 뒤에는 '나'라는 존재가 없으니 죽음을 두려워하지 않아도 된다는 철학적인 조언은 책임감 없는 말처럼 들리기도 합니다.

또한 실존주의 철학은 절대적인 절망을 극복할 수 없다는 한계를 가지고 있습니다. 실존주의 철학은 죽음 자체를 극복하기보다는 '나'의 죽음에 대한 태도만을 제시할 뿐입니다. 죽음은 단순히 '나'의 실존적 문제가 아닙니다. 죽음은 내가 사랑하는 사람들의 문제로까지 확장되곤 합니다. 영원한 이별과 슬픔은 되돌릴 수 없다는 점에서 절대적인 절망이 되어 우리의 삶을 뒤흔들고 무너뜨리며, 우리의 가슴에 오랫동안 한이 맺히게 합니다.

기독교의 부활 신앙은 실존주의 철학이 줄 수 없는 것을 가지고 있습니다. 기독교는 절대적인 절망 너머에 있는 초월적인 희망을 발견하기 때문입니다. 초월적 희망을 가질 수 있다면 우리는 절망을 이겨내고 새로운 삶의 가능성인 진정한 실존을 찾을 수 있습니다. 우리를 그런 희망의 길로 이끄는 부활 신앙에 대해 살펴봅시다.

부활 신앙의 탄생

앞서 살펴본 것처럼 어떤 사람들은 철학을 통해 죽음을 다르
게 받아들이기도 했지만, 대부분의 사람들은 예기치 못한 죽
음 앞에서 무방비하게 마음을 다치고 절망해야 했습니다. 하
지만 인류는 죽음에 대한 철학적 응답 외에도 다른 방법을
가지고 있었습니다. 그것은 바로 죽음에 대한 종교적 희망이
었습니다.

내세에 대한 믿음

죽음을 마주한 인류의 첫 대처는 매장이었습니다. 어느 순간

부터 인류는 죽은 동료의 시신을 땅에 버려두지 않고 특별한 방식으로 대하기 시작한 것입니다. 사용하던 물건을 함께 묻거나 꽃 등으로 주변을 장식해주기도 한 것을 보면, 매장에는 내세에 대한 희망이 어렴풋하게 담겨 있었을 것입니다. 인류학자들은 인류의 조상 격인 '호미닌'에게 이미 매장 풍습이 있었고, 훗날 출현한 '사피엔스'가 이어받았을 뿐이라고 말합니다.

세계의 다양한 종교의 역사를 보면 내세에 대한 생각이 서로 다른 모습으로 점점 발전해왔음을 알 수 있습니다. 내세를 가장 뚜렷하게 인식한 사람들은 고대 이집트에 있었습니다. 그들은 단순한 매장에서 그치지 않고 미라를 만들거나 수많은 종교 문헌을 기록하여 내세에 대한 신앙을 구체화했습니다. 조로아스터교는 기원전 8세기경 조로아스터에 의해서 지금의 이란 지역에서 생겨난 종교입니다. 그들은 선과 악의 최후의 전쟁과 선의 최종 승리를 예견하는 종말론(프라쇼 케레티, '탁월하게 만들기') 사상을 발전시키기도 했습니다. 그리스 철학자들 중 특히 플라톤은 몸이나 물질의 세계보다 우월한 영혼과 '이데아'의 개념을 고도로 발전시켰습니다. 이로써 플라톤의 철학은 현실과는 다른 세상에서 더욱 온전하게 살아갈 수 있다는 믿음이 탄생하는 데 한몫했습니다.

유대교의 부활 신앙

세계 여러 종교에서 이렇게 내세에 대한 생각을 통해 희망을 표현했다면, 유대교는 어떻게 희망을 표현했을까요? 유대교에서는 국가 폭력에 맞선 의로운 사람들의 죽음을 두고 하나님께 신원(伸寃)하는 신앙이 이어졌습니다. 예수 탄생으로부터 약 150년 전, 유대 민족의 독립운동이라고 할 수 있는 마카비 혁명이 일어났습니다. 이때 유대교에서는 하나님이 마지막 날에 의로운 사람들을 되살리실 것이라는 신앙이 탄생했습니다. 이것을 잘 보여주는 이야기가 〈마카베오하〉 7장에 등장합니다. 유대인들의 땅을 지배하고 있던 셀레우코스의 왕이 어느 일곱 형제에게 부정한 고기(돼지)를 먹으라는 폭력적 명령을 내립니다. 이를 의연하게 거부한 일곱 형제는 차례로 고문을 당해 목숨을 잃고, 이를 지켜봐야 했던 어머니마저 죽음을 선택한 비극적인 이야기입니다.

왕은 명령을 거부한 일곱 형제와 어머니 앞에서 먼저 맏아들의 혀와 사지를 잘라 달군 솥에 넣으며 겁을 주었습니다. 그래도 거부한 둘째는 머리가죽이 벗겨졌습니다. 셋째는 모든 것을 지켜보고서도 오히려 혀와 손발을 자르라고 내밀며 이렇게 말했습니다.

"하느님께 받은 이 손발을 하느님의 율법을 위해서 내던진다. 그러므로 나는 이 손발을 하느님께로부터 다시 받으리라는 희망을 갖는다."(마카베오하 7:11)

죽음 앞에 선 넷째 역시 왕에게 당당히 말했습니다.

"나는 지금 사람의 손에 죽어서 하느님께 가서 다시 살아날 희망을 품고 있으니 기꺼이 죽는다. 그러나 너는 부활하여 다시 살 희망은 전혀 없다."(마카베오하 7:14)

차례로 아들을 잃어가는 어머니는 남은 아들들을 막기는커녕, 당당하게 창조주 하나님이 인간을 만드셨으며 정의의 하나님께서 율법을 지킨 자들을 다시 살려 주실 것이라고 격려했습니다. 특히 왕이 마지막 남은 막내아들을 회유하려고 하자 어머니는 막내에게 이렇게 말했습니다.

"내 아들아, 이 어미를 불쌍하게 생각하여라. 나는 너를 아홉 달 동안 뱃속에 품었고 너에게 삼 년 동안 젖을 먹였으며 지금 내 나이에 이르기까지 너를 기르고 교육하며 보살펴 왔다. 얘야, 내 부탁을 들어 다오. … 이 도살자를 무서워하지 말고 네 형들에게 부끄럽지 않은 태도로 죽음을 달게 받아라. 그러면 하느님의 자비로 내가 너를 너의 형들과 함께 다시 맞이하게 될 것이다."(마카베오하 7:27-29)

그 말을 들은 막내는 형들과 어머니의 신앙을 따라 폭군에게 이렇게 선포했습니다.

"우리 형제들은 잠깐 동안 고통을 받은 후에 하느님께서 약속해 주신 영원한 생명을 실컷 누리겠지만 당신은 그 교만한 죄에 대한 하느님의 심판을 받아서 응분의 벌을 받게 될 것이오."(마카베오하 7:36)

앞서 언급한 것처럼 이 이야기에서는 유대교의 부활 신앙이 잘 드러나 있습니다. 악인은 지상에서 심판을 당할 뿐 아니라 죽어서도 구원을 받지 못할 것이며, 의인은 비록 지금 고통을 당할지라도 마지막 날에 정의로운 하나님께서 영광스럽게 다시 살려내실 것이라는 믿음이었습니다.

이처럼 부활 신앙은 죽음의 두려움을 극복하고 삶에 새로운 의미를 부여하는 희망의 메시지로서 인류 역사에 중요한 역할을 해왔습니다. 죽음은 끝이 아니라 새로운 시작으로 여겨지게 되었고, 사람들에게 용기와 희망을 불어넣었습니다. 특히 유대교에서는 하나님의 정의와 권능에 대한 믿음이 부활 신앙의 근거로 작용했습니다.

죽음을 겪고 다시 살아나는 존재들

고대 근동과 지중해 지역의 신화는 죽음을 겪고 다시 살아나는 신들과 사람들의 이야기로 가득합니다. 이집트의 신 '오시리스', 가나안의 신 '바알', 그리스 신화의 '아도니스' 등이 대표적인 예시입니다. 이러한 부활 신화는 정말로 이들이 죽었다가 살아났다고 이야기하는 것이 아니라, 삶과 죽음, 자연의 순환, 인간의 의미에 대해 깊은 상징적 의미를 우리에게 전해주고 있습니다.

이집트의 **오시리스**는 내세, 다산, 재생과 관련되는 신입니다. 전설에 따르면 오시리스는 형제의 배신으로 살해당했습니다. 죽은 오시리스의 몸은 이집트 전역에 흩뿌려졌습니다. 오시리스의 아내이자 누이인 이시스는 흩어진 몸의 조각을 힘들게 모으고 합쳐서 오시리스를 부활시켰습니다. 죽음을 경험한 오시리스는 지하 세계의 통치자가 되었습니다. 가나안의 **바알**은 폭풍, 다산, 농업과 관련되는 신입니다. 바알 신화는 죽음과 부활이 순환하는 이야기 구조를 보여주는데, 이는 계절의 변화를 상징합니다. 건기가 오면 바알은 죽지만, 여동생이자 아내인 아낫을 통해 부활하여 비를 내리고 땅을 다시 비옥하게 만듭니다. 그리스–로마 신화의 **아도니스**는 여신들의 사랑을 받는 잘생긴 청년이었습니다. 어느 날 사냥을 하던 중 아도니스가 멧돼지에 찔려 죽고 말았습니다. 여신들이 슬퍼하자 제우스는 아도니스가 이승과 저승을 오가며 1년 중 일부를 각 여신과 함께 보낼 수 있도록 해주었습니다. 이 신화들은 부활이라는 소재를 등장시키지만, 죽음을 극복하는 희망보다는 자연의 순환을 주제로 한 일종의 고대 실존주의 철학 이야기라고 할 수 있습니다.

한편 성경에는 죽은 사람을 살린 선지자, 예수님, 사도들의 기적 이야기가 기록되어 있습니다. 이것들도 앞에서 살펴본 세 가지 신화처럼 문자적·역사적 사실보다는 우리에게 상징적인 의미를 전해줍니다. 죽은 사람을 살린 성경의 이야기들은 육체적인 죽음을 직접적으로 극복한 이야기가 아니라 영적인 변화에 대한 강력한 은유입니다. 예를 들어 선지자 엘리야와 엘리사는 죽은 사람을 살리기도 했지만 여러 기적을 행했습니다. 이것은 하나님의 능력과 자비를 상징적으로 보여주는 것으로서, 이스라엘의 회복을 전망하는 것입니다.

신화가 말하는 자연의 순환과 성경이 말하는 마음의 갱

신은 부활 신앙과 밀접한 관련이 있습니다. 계절이 변한다는 것, 생명은 태어나고 죽는다는 것, 언제나 새로운 시작이 있다는 것을 말해줍니다. 마음의 갱신도 마찬가지로 이전보다 더 나은 새로운 변화의 희망을 의미합니다.

예수님의 부활

역사적 실존 인물이 죽었다가 다시 살아났다고 선포한 최초의 종교는 기독교입니다. 앞서 살펴보았듯 기독교가 탄생하기 전에도 죽음을 겪고 되살아나는 신과 영웅들의 이야기가 있었지만, 신앙의 중심에 있는 한 인간(예수)의 부활을 진지하게 주장한 것은 기독교가 최초입니다. 기독교의 부활 신앙을 이해하기 위해 지금부터 예수님이 가르치신 부활의 교훈, 예수 부활의 케리그마, 그리고 예수 부활의 드라마를 살펴보려고 합니다.

부활의 교훈

복음서에서 부활이라고 하면 사람들은 보통 예수님의 부활만을 떠올립니다. 하지만 공관복음서(마태, 마가, 누가)는 세 종류의 부활을 우리에게 전달합니다. 첫째는 예수님이 죽은 사람을 살린 사건, 즉 '소생 기적'입니다. 둘째는 우리가 잘 아는 예수님의 부활절 이야기입니다. 셋째는 예수님이 가르치신 부활의 교훈입니다. 그중에서 중요한 것은 부활의 교훈과 부활절 이야기입니다. 먼저 예수님이 가르치신 부활의 교훈을 살펴보겠습니다.

우리는 예수님을 배경이 없는 분, 인간의 어떤 문화와 관습에서도 완전히 자유로운 분이라고 생각할 수 있지만, 그분은 분명 1세기의 유대인이셨습니다. 예수님은 우리가 앞서 〈마카베오하〉를 통해 살펴본 유대인들의 부활 사상을 알고 계셨으며, 예언자로서 임박한 종말을 선포하셨습니다.

"때가 찼고 하나님의 나라가 가까이 왔으니 회개하고 복음을 믿으라"(막 1:15)

예수님의 부활의 교훈은 그분이 선포하신 하나님의 나라의 교훈에 포함되는 것이었습니다. 위의 말씀은 이제 곧 하나님의 나라가 임하고 지난 세대의 의인들이 부활할 것이며, 그때가 되면 살아 있는 사람 중 의인들만이 그곳에 들어갈 것이라는 뜻이었습니다.

예수님이 활동하시던 때보다 더 이전의 시대에 유대 민족이 바란 하나님의 나라는 초월적인 것이 아니었습니다. 오히려 유대인들은 위대한 민족 국가가 현실에 이루어지기를 바라며 살았습니다. 하지만 수백 년 동안 힘센 제국들의 지배와 억압을 겪은 유대인들은 '민족을 다스린다'는 개념을 넘어 '세계를 다스린다'는 낯선 생각을 배웠고, 이것을 통해 '하나님 나라'라는 새로운 개념을 온 세상에 대한 것으로 발전시켰습니다. 여기에는 참된 하나님을 자유롭게 섬길 수 있는 세상이라는 종교적인 의미도 들어 있었습니다.

세월이 흘러 예수님의 시대인 1세기쯤 되면, 현실적으로 불가능해 보이는 이상적인 하나님 나라와, 현실 속 하나님 나라를 처절하게 갈망하는 마음이 심한 괴리를 이루었습니다. 이를 해소하기 위한 '묵시적 종말론'이 이스라엘 민중들에게 유행했습니다. 예수님이 선포한 하나님 나라는 그러한 민중의 열망과 크게 다르지 않았습니다. 예수님의 말씀이 대중들의 생각과 다른 점이 있다면 그것은 '의인이란 어떤 사람인가'에 대한 것이었습니다.

당시 유대교에서 의인이라고 하면 율법을 잘 지키는 사람을 말했습니다. 그러나 예수님은 율법의 모든 조항이 다 동등한 가치를 갖는다고 생각하지 않았습니다. 대신 예수님은 모든 율법의 본질을 꿰뚫어보셨습니다. 그것은 하나님 사랑과 이웃 사랑이었습니다. 율법에는 깨끗한 것과 부정한 것, 먹을 수 있는 것과 먹지 말아야 할 것, 성전에 바칠 세금과 헌물 등을 정해놓았지만, 이 모든 것은 본질과는 상관없었습니다. 하나님 사랑과 이웃 사랑은 누구나 지킬 수 있는 것이지만, 세세한 율법의 조항들은 모두 특정한 상황과 조건에 얽매이는 것이었습니다. 예수님은 많은 비유와 가르침을 통해, 율법의 본질에 걸맞은 마음으로 사는 사람이라면 누구나 하나님 나라에 합당하다는 것을 알려주셨고, 동시에 율법의 각 조항을 잘 지킨다 해도 하나님과 이웃을 사랑하는 마음이 없다면 하나님 나라에 들어갈 수 없다고 말씀하셨습니다.

이러한 예수님의 '복음'과 더불어, 예수님께서 가르치신 부활의 교훈을 생각해볼 필요가 있습니다. 부활의 교훈은 제사장과 귀족의 가문인 사두개파 사람들과 예수님이 성전에서 논쟁하는 이야기로 기록되어 있습니다. 신약성경 곳곳의 묘사에 따르면 사두개파 사람들은 부활을 믿지 않았습니다. 오직 모세오경만 받아들이는 유대교 전통주의자들에게 부활을 믿는 것은 뒤늦게 발전한 민간 신앙을 따르는 어리석은 일에 불과했습니다. 그래서인지 사두개파는 바리새파와도 썩 사이가 좋지 않았습니다.

이제 논쟁 장면을 살펴봅시다. 사두개파 사람들은 예수님을 찾아와 물었습니다. 남편이 죽으면 그 형제와 결혼하는 관습을 따라 한 여인이 일곱 형제를 차례로 남편으로 삼게 되었다면, 부활한 뒤에 그들의 관계는 어떻게 되겠느냐고 비꼬듯이 질문한 것입니다. 예수님은 두 가지로 답하셨습니다.

"예수께서 이르시되 이 세상의 자녀들은 장가도 가고 시집도 가되 저 세상과 및 죽은 자 가운데서 부활함을 얻기에 합당히 여김을 받은 자들은 장가 가고 시집 가는 일이 없으며 그들은 다시 죽을 수도 없나니 이는 천사와 동등이요 부활의 자녀로서 하나님의 자녀임이라 죽은 자가 살아난다는 것은 모세도 가시나무 떨기에 관한 글에서 주를 아브라함의 하나님이요 이삭의 하나님이요 야곱의 하나님이시라 칭하였나니 하나님은 죽은 자의 하나님이 아니요 살아 있는 자의 하나님이시라 하나님에게는 모든 사람이 살았느니라"(눅 20:34-38)

사두개파는 확실히 논리적 모순을 잘 지적했습니다. 죽은 뒤 부활한다는 것은 조금만 깊이 생각하면 논리적으로 맞지 않는 부분이 많습니다. 사두개파 사람들은 이를 놓치지 않았습니다.

그러나 예수님은 논리적 모순을 파고드는 것은 갇힌 생각일 뿐이라고 지적하십니다. 부활은 단순히 지금 세상에서 다시 살아나는 것이 아니라, 하나님 나라에서 새롭게 태어나는 것이기 때문입니다. 예수님은 부활을 하나님 나라와 연결지어, (마치 역사가 흐르며 정치 체제와 문화가 변하듯) 하나님 나라에는 지금과는 다른 새로운 질서가 있을 것이며, (생명의 진화나 기술의 발전으로 육체가 변하듯) 하나님의 권능에 따르는 새로운 몸이 부활한 의인들에게 주어질 것이라 가르치셨습니다. '천사와 같이 된다'는 말은 이러한 관점을 당시의 세계관에 맞춘 표현입니다. 또한 부활에서 중요한 것은 하나님의 권능과 성품과 지혜를 믿는 것입니다. 예수님의 말씀처럼 '하나님께는 모든 사람이 살아 있습니다.' 그러므로 죽음은 하나님 나라를 기다리는 또 다른 장소일 뿐입니다. 이것이 예수님이 가르치신 부활의 교훈입니다.

예수 부활의 케리그마

기원후 26-36년, 본디오 빌라도라는 인물이 10년간 유대 지역을 다스리는 로마의 총독으로 재임하고 있던 때, 어느 유월절 축제 기간의 예루살렘에서 예수님은 여러 죄수와 더불어 십자가 처형을 당했습니다. 당시 유월절 행사를 주도하던 유대교 지도자들은 예루살렘에서 소란을 피운 예수님을 눈엣가시로 여겼고, 유대교 지도자들의 모임인 '산헤드린'은 가룟 유다의 제보를 통해 예수님이 '신성 모독 발언'을 했다는 것도 전해들었던 것 같습니다. 그들은 예수님을 체포해 밤중에 심문하고, 반역죄를 덮어씌워 총독 본디오 빌라도에게 넘겼습니다. 빌라도는 예수님께 십자가 처형을 선고했고, 예수님은 그렇게 십자가에서 돌아가셨습니다.

그런데 예수님의 죽음이 두 달도 채 지나지 않았는데(50일) 예수님을 따르던 제자들이 예수님이 부활하셨다고 선포하기 시작했습니다. 이러한 제자들의 선포와 그 선포의 내용을 '케리그마'라고 부릅니다. 그리스 말로 '선포'를 의미하는 이 케리그마의 내용이 곧 예수님의 부활이므로, 좀 더 자세히 말하면 '예수 부활의 케리그마'라고도 할 수 있습니다.

> "이 예수를 하나님이 살리신지라 우리가 다 이 일에 증인이로다"(행 2:32)

이렇게 선포한 제자들은 얼마 전까지만 하더라도 예수님이 체포될 때 멀리 도망친 겁쟁이들이었습니다. 예루살렘에 있던 제자들은 자기들의 고향인 갈릴리로 모두 뿔뿔이 흩어졌습니다. 그런 그들이 어떻게 예루살렘에 다시 모여서 용감하게 예수님이 살아나셨다고 선포할 수 있었을까요? 예수님의 부활에 대한 그들의 확신과 선포가 어떤 의미인지 곱씹어 볼 필요가 있습니다.

초기 기독교의 전승을 조사해보면, 얼마 되지 않는 제자들 중에서도 예수님과 가장 가까웠던 제자들이 '내가 예수님을 만났다'거나 '예수님이 내게 나타나셨다'는 고백을 했다는 것을 추측할 수 있습니다. 예수님이 나타나셨다는 이런 고백을 가리켜 '그리스도 현현'(Christophany)이라고 말합니다. 그동안 모든 것을 버리고 예수님을 따른 이 제자들에게 예수님의 죽음이 가져다 준 충격은 이루 말할 수 없었을 것입니다. 이제 예수님을 볼 수 없다는 슬픔과 예수님을 두고 도망쳤다는 죄책감, 두 가지 감정이 그들을 지배했습니다. 그러던 중 제자들은 꿈이나 환상을 통해서 예수님을 만날 수 있었습니다. 이것이 바로 '그리스도 현현'입니다. 제자들이 그 꿈과 환상을 묵상하는 동안 예수님의 삶과 죽음, 가르침, 예수님이 남긴 인상(印象), 예수님이 선포한 미래에 대한 기대, 그 밖의 여러 기억들이 제자들 가운데 어우러졌을 것입니다. 제자들은 이를 서로 나누며 한 가지 확신에 도달하게 되었습니다.

'하나님이 예수님을 살리셨구나!'

좀 더 정확히 말하자면 그들은 하나님이 예수님을 인정하셨다고, 예수님은 하나님의 인정을 받은 분이라고 확신하게 된 것입니다. 사도 바울 역시 이와 같은 확신이 담긴 기록을 남겼습니다. 바울은 로마서 1장에서 초기 기독교의 신앙고백을, 빌립보서 2장에서 초기 기독교의 찬송가를 우리에게 소개합니다.

"그의 아들에 관하여 말하면 육신으로는 다윗의 혈통에서 나셨고 성결의 영으로는 죽은 자들 가운데서 부활하사 능력으로 하나님의 아들로 선포되셨으니 곧 우리 주 예수 그리스도시니라"(롬 1:3-4)

"그는 … 사람의 모양으로 나타나사 자기를 낮추시고 죽기까지 복종하셨으니 곧 십자가에 죽으심이라 이러므로 하나님이 그를 지극히 높여 모든 이름 위에 뛰어난 이름을 주사 하늘에 있는 자들과 땅에 있는 자들과 땅 아래에 있는 자들로 모든 무릎을 예수의 이름에 꿇게 하시고 모든 입으로 예수 그리스도를 주라 시인하여 하나님 아버지께 영광을 돌리게 하셨느니라"(빌 2:6-11)

이러한 초기 기독교의 신앙에 따르면 예수님은 '영으로' 부활하셨으며(벧전 3:18) 그 부활을 통해 '하나님의 아들', '주님', '그리스도'(메시아)로 인정받으셨습니다. 이것이 바로 초기 기독교가 전한 부활의 케리그마의 핵심입니다. 예수님이 가르치신 '모든 사람이 하나님께 살아 있다'는 부활의 교훈은 예수님 자신에게도 유효했습니다.

하나님이 예수님을 살리셨다는 것은 소생의 기적을 일으키셨다는 이야기가 아니라 예수님을 드높이셨다는 말과 같습니다. 이와 같은 의미에서 초기 기독교인들은 예수님이 지금 어디 계시냐는 질문에 문학적으로 '하나님 우편에(오른쪽에) 계신다'고 말했습니다. 이는 이스라엘 사람들의 관용적 표현으로, 예수님께서 하나님이 새롭게 세우신 왕이 되었다는 의미입니다(시 110:1). 예수님을 '메시아', '그리스도', '주', '하나님의 아들'이라고 부르는 것 역시 비슷한 표현입니다.

한편으로 초기 기독교인들은 지금 예수님이 실질적으로

는 '내 안에' 혹은 '우리 가운데' 영으로 계신다고 말했습니다(갈 1:16, 4:6: 롬 8:9: 벧전 1:11 등). 초기 기독교인들은 육체를 가진 지상의 예수님이 영으로 계신 천상의 그리스도가 되셨다는 의미에서 '그리스도의 영' 또는 '성령'이라고 표현했습니다. 초기 기독교인들은 조금씩 성령을 육체의 예수님과 구별짓기 시작했으나, 완전히 다르지는 않다는 것을 알았습니다. 바울의 편지와 요한 문헌은 성령이 예수의 영이라고 언급하며, 예수의 제2의 자아가 곧 성령인 것처럼 여깁니다.

예수 부활의 케리그마는 하나님이 예수를 높이셨다는 선포입니다. 예수님은 세상에서 실패하신 것이 아니라 세상을 이기신 분이라는 것, 이제 그분의 가르침과 활동이 초기 기독교 공동체들에게 이어졌다는 것입니다. 초기 기독교 공동체는 이러한 최초의 그리스도 현현에 이어, '그리스도와의 연합'(unio cum Christo) 혹은 '신비적 연합'(unio mystica)을 통해 부활의 힘을 얻고자 부활절 이야기를 완성했습니다. 이것을 우리는 '예수 부활 드라마'라고 부릅니다.

예수 부활의 드라마

우리가 예배를 드릴 때 우리는 믿음 안에서 감사와 기쁨을 느끼고, 배움과 회개와 결단을 경험합니다. 이를 위해 예배는 가르침, 기도, 노래, 교제로 구성됩니다. 초기 기독교인들의 예배도 마찬가지였습니다. 다만 초기 기독교 공동체는 유대교의 희생제사 대신에 성례(세례와 성찬)를 선택했습니다.

성찬은 복합적인 의미를 지닌 행사였습니다. 성찬은 예수님과의 마지막 식사를 기념하는 것일 뿐 아니라 예수님의 죽음을 상징하는 의식이기도 했고, 언젠가 있을 '메시아 축제'를 고대하며 나누는 성도의 교제이기도 했습니다. 그러나 성찬만으로는 부활의 케리그마와 부활 신앙을 공동체 속에서 나누기 힘들었을 것입니다. 아마도 초기 기독교 공동체는 예수님의 말씀을 모은 기록을 가지고 있었겠지만, 이마저도 부활 신앙을 전달하기에는 부족했을 것입니다. 그래서 초기 기독교 공동체는 새로운 기록을 어떤 형태로 남길지 고민했을 것입니다.

역사적 사실을 있는 그대로 기술한다면 한 유대인 청년이 처형을 당해서 세상에 없다는 무미건조한 사실만을 전달할 수 있을 따름이었습니다. 예수님에 대한 기억과 인상, 예수님이 선포하신 하나님 나라에 대한 기대, 예수님의 부활에 대한 감격, 예수님이 공유하고자 하신 영성 등을 인격적으로 받아들이게 하려면 어록 자료나 역사 기술 형식으로는 부족했습니다. 이 모든 조건에 들어맞고 예수님의 부활에서 비로소 드러나는 진정한 종교적 의미를 잘 전달하기 위해서는 한 편의 문학 작품을 만들어야 했습니다. 이렇게 예수님의 가르침과 성찬 이야기, 그리고 예수님의 죽음과 부활에 초점을 맞추어 탄생한 것이 바로 복음서입니다.

복음서는 공동체의 예배에서 낭독되었을 뿐만 아니라 공연된 드라마에 가까웠습니다. 실제로 당시에는 연극이 발달한 문화가 있었습니다. 예수님이 살던 무렵 팔레스타인 지역에는 헤롯 대왕이 건축 사업을 벌이며 여러 곳에 극장을 세웠으며, 민중들은 연극에 익숙했습니다. 특히 가장 일찍 기록된 복음서로 여겨지는 마가복음은 그리스 비극을 상당히 닮았습니다.

이렇게 전달된 수난과 부활절 이야기를 통해 초기 기독교 공동체는 최초의 제자들이 경험한 그리스도 현현을 간접적으로 체험할 수 있었습니다. 예수 부활의 드라마를 통해 그들은 제자들이 느낀 슬픔과 죄책감과 놀람과 감격을 고스란히 전달받았으며, 이를 통해 죽음의 세력과 싸울 힘을 얻었습니다. 그들은 드라마 속 예수님에게서 끝까지 죽음 앞에서도 굴하지 않은 하나님의 사람의 모범을 보았으며, 하나님의 권능과 정의를 더 깊이 믿게 되었고, 죽음과 불의가 주는 공포와 불안을 이기고 평안과 희망을 얻었습니다. 부활의 드라마는 제사에서 성찬으로 넘어가는 계기가 된, 유월절 어린양으로서 예수님의 죽음을 보여줌으로써, 희생이란 하나님을 달래는 것이 아니라 다른 사람을 위한 고귀한 사랑의 실천이라는 점을 보여주었고 하나님 사랑과 이웃 사랑이 어떻게 일치하는지 확인해주었습니다.

부활절 드라마는 '빈 무덤'이라는 상징적 이야기를 통해 더욱 구체적으로 구성되었습니다. 가장 초기의 부활절 이야기는 매우 짧았습니다. 마가복음 16:1-8절은 초기 부활절 드라마의 결말을 보여줍니다.

안식일이 지났을 때에, 막달라 마리아와 야고보의 어머니 마리아와 살로메는 가서 예수께 발라 드리려고 향료를 샀다. 그래서 이레의 첫날 새벽, 해가 막 돋은 때에, 무덤으로 갔다. 그들은 "누가 우리를 위하여 그 돌을 무덤 어귀에서 굴려내 주겠는가?" 하고 서로 말하였다. 그런데 눈을 들어서 보니, 그 돌덩이는 이미 굴려져 있었다. 그 돌은 엄청나게 컸다. 그 여자들은 무덤 안으로 들어가서, 웬 젊은 남자가 흰 옷을 입고 오른쪽에 앉아 있는 것을 보고 몹시 놀랐다. 그가 여자들에게 말하였다. "놀라지 마시오. 그대들은 십자가에 못박히신 나사렛 사람 예수를 찾고 있지만, 그는 살아나셨소. 그는 여기에 계시지 않소.

보시오, 그를 안장했던 곳이오. 그러니 그대들은 가서, 그의 제자들과 베드로에게 말하기를 그는 그들보다 먼저 갈릴리로 가실 것이니, 그가 그들에게 말씀하신 대로, 그들은 거기에서 그를 볼 것이라고 하시오." 그들은 뛰쳐 나와서, 무덤에서 도망하였다. 그들은 벌벌 떨며 넋을 잃었던 것이다. 그들은 무서워서, 아무에게도 아무 말도 못하였다.(막 16:1-8)

최초의 기독교 신앙고백의 내용에는 빈 무덤이 없었습니다.(고전 15장) 그러나 빈 무덤은 초기 기독교 공동체의 공연에서 부활을 표현할 유일한 방법이었을 것입니다. 초기 유대-기독교인들에게는 '영광스러운 몸'에 대한 관점이 아직 남아있었기 때문에, 부활한 예수님의 모습을 어설프게 연출한다면 오히려 반감을 주게 되어버릴 것이었습니다. 그래서 복음서의 부활절 이야기에는 그리스도 현현 대신 빈 무덤이 들어갔을 것입니다.

게다가 당대 그리스-로마의 문학에서 빈 무덤과 사라짐은 죽은 사람의 부활이나 천상의 존재로의 변화를 보여주는 표현 양식이기도 했습니다. 예를 들어 로마의 2대 왕 누마 폼필리우스는 죽은 뒤 야니쿨룸 언덕에 묻혔지만, 전설에 따르면 몇 년 뒤에 농부들이 그의 관을 발견했을 때 놀랍게도 그의 시신은 사라져 있었다고 합니다. 옷이나 왕실 보석도 함께 사라져 있었기에 어떤 로마 사람들은 죽은 왕이 불멸의 존재가 되었다고 주장하기도 했습니다.

지금까지 살펴본 것처럼 초기 기독교 공동체는 부활절 드라마와 연극을 통해 예수님의 부활을 간접적으로 체험할 수 있었습니다. 초기 기독교 공동체에서는 이를 통해 부활의 진정한 의미를 전달하는 방식의 예배를 드렸습니다. 이렇게 그들은 절망, 불안, 불의, 미움이라는 죽음의 권세를 이기고 희망, 평안, 정의, 사랑이라는 부활의 권세를 힘입어 새로운 생명과 삶을 전할 수 있었습니다.

부활 신앙의 의미

신앙은 언제나 변화합니다. 이 변화는 내용은 같고 전달 방식만 변하는 단순한 변화가 아닙니다. 이전에는 신앙의 본질이라고 믿었던 것 중에서 후대에는 아니라고 자연스럽게 받아들여진 것들이 정말 많습니다. 신앙은 끊임없이 진화하는 살아 있는 유기체와 같습니다. 이때 신앙의 방향을 검토하기 위해 신앙을 반성하고 더욱 발전시키는 데 중요한 역할을 하는 것이 바로 신학입니다.

부활 신앙도 역사의 흐름에 따라 발전하며 다양한 모습을 취해왔습니다. 지금부터는 세 명의 신학자를 살펴봅니다. 루돌프 불트만, 파울 틸리히, 디트리히 본회퍼가 오늘날 부활 신앙을 새롭게 이해하는데 어떤 공헌을 했는지 살펴보겠습니다.

루돌프 불트만 – 신화로서의 부활

합리주의가 힘을 얻고 기독교가 힘을 잃어가자, 독일의 신학자 루돌프 불트만(1884-1976)은 기독교 신앙의 핵심이 사람들에게 전해지려면 새로운 해석이 필요하다고 생각했습니다. 불트만은 신약성경의 표현 양식이 '신화'라는 점을 인정하자고 말했습니다. 불트만이 말한 신화는 문자적 사실을 전하는 것이 아닌 실존적 의미, 즉 오늘 우리의 삶과 관련된 진리를 전해주는 것으로 받아들이자는 것입니다. 불트만을 따르면 예수님의 부활 역시 신화라는 양식으로 표현되어 있기에 그 실존적 의미가 중요합니다. 또한 오늘날 과학의 영향으로 우리는 고대의 신화나 기적 이야기가 실제 사실이 아니라는 것을 잘 알고 있습니다. 따라서 불트만은 이러한 두 가지 차원, 신화가 실존적인 의미를 전한다는 점과 현대의 세계관을 생각할 때 부활 신앙은 철저하게 실존적으로 설명되어야 한다고 주장합니다.

부활의 케리그마를 기억해봅시다. 천상의 로고스였던 하

나님의 아들이 사람의 몸을 입고 이 땅에 내려와 기적을 행했고, 신성한 가르침을 주었습니다. 그는 인류의 죄를 용서하기 위해 십자가에서 스스로를 희생 제물로 바친 뒤, 3일 만에 부활하여 죽음의 세력을 물리쳤습니다. 현대인들이 이러한 신화를 문자 그대로 수용하기란 어려운 일입니다. 너무도 낯설고, 역사적으로 입증할 수도 없는 이야기이기 때문입니다.

하지만 그럼에도 부활 신화는 세상의 구원과 '종말론적 현재'가 시작되었음을 우리에게 전하고 있습니다. 종말론적 현재란 미래에 이루어질 종말이 오늘 우리에게 영향을 주고 있다는 사고방식입니다. 이를 받아들인 사람에게 십자가의 죽음은 그동안의 삶이 끝나는 것이며, 부활은 새로운 삶이 시작되는 것입니다. 예수님의 죽음과 부활은 곧 나의 죽음과 부활이 됩니다. 바울은 이러한 생각을 바탕으로 예전의 모습을 버리고 새로운 삶을 살라는 가르침을 우리에게 전합니다.

"우리가 그리스도와 함께 죽었으면, 그와 함께 우리도 또한 살아날 것임을 믿습니다. … 이와 같이 여러분도, 죄에 대해서는 죽은 사람이요, 하나님을 위해서는 그리스도 예수 안에서 살고 있는 사람이라는 것을 알아야 합니다. … 여러분은 죽은 사람들 가운데서 살아난 사람답게, 여러분을 하나님께 바치고, 여러분의 지체를 의의 연장으로 하나님께 바치십시오. 여러분은 율법 아래 있지 않고, 은혜 아래 있으므로, 죄가 여러분을 다스릴 수 없을 것입니다."(롬 6:8-14)

부활의 케리그마는 새로운 삶으로의 믿음과 결단을 요청합니다. 이런 의미에서 부활의 케리그마는 하나님의 구원의 말씀입니다. 그러므로 예수님의 죽음과 부활은 하나입니다. 예수님의 부활은 과거에 일어난 문자적이고 일회적인 사건이 아니라, 지금 여기에 일어나는 실존적이고 영원한 사건인 것입니다.

파울 틸리히 – 상징으로서의 부활

불트만처럼 파울 틸리히(1886-1965)도 부활 신앙을 현대적으로 해석하는 일에 도전했습니다. 불트만이 '비신화화'를 추구한 반면, 틸리히는 '상징'이라는 말을 사용하길 좋아했습니다. 상징은 부활절 이야기가 문자 그대로의 해석을 넘어 더 깊은 현실을 가리킨다는 점을 강조하기 위한 틸리히의 표현입니다.

틸리히의 생각을 이해하려면 그가 말한 '새 존재'(new being)이 무엇인지 살펴볼 필요가 있습니다. 하나님 즉 '궁극적 관심'으로부터 소외된 상태를 틸리히는 '옛 존재'라고 불렀습니다. 불안해하거나, 탐욕과 오만으로 차 있거나, 허무를 느끼는 인간의 상태가 바로 옛 존재입니다. 십자가는 이러한 옛 존재라는 한계 상황에 얽매인 인간의 부조리를 상징합니다. 이와 반대로 인간으로서 이룰 수 있는 가장 아름다운 삶의 모습을 틸리히는 '새 존재'라고 불렀습니다. 다시 말해 새 존재는 본능에 따라 물질적인 것만 추구하고 이기적으로 사는 삶이 아니라, 자기 자신을 초월하여 가장 숭고하고 위대한 가치인 사랑에 사로잡힌 사람입니다.

틸리히에 따르면 초기 기독교인들에게 예수님의 죽음과 부활은 예수님이 '새 존재'(new being)의 구현인 그리스도가 되셨음을 의미했습니다. 예수님의 부활은 우리도 삶의 부조리를 극복하고 새 존재가 될 수 있다는 가능성을 제시합니다. 이러한 점에서 예수님의 부활은 사건이면서 동시에 상징입니다. 우리는 믿음을 통해 이 상징에 참여해서 '새 존재'로 변화될 수 있습니다.

틸리히에게 하나님은 이렇게 자기를 초월할 수 있게 하시는 바탕이자 본질이신 분입니다. 우리는 말씀과 성례전 등 다양한 상징을 통해 그런 하나님을 만납니다. 단순한 지적인 믿음은 수동적이지만, 진정한 신앙은 하나님을 신뢰하고 하나님께 열려 있으려 하며 하나님께 항복하는 역동적인 행위입니다. 이러한 적극적인 믿음을 통해서 우리는 부활 신앙, 혹은 그리스도 상징에 참여하고 새 존재로 변화될 수 있습니다.

틸리히는 이러한 삶의 변화가 단순히 하나님의 사랑을 느끼는 것 이상이라고 말합니다. 부활은 하나님의 사랑을 수동적으로 받아들이는 것을 넘어서 하나님의 사랑을 스스로 구현하며 새로운 삶을 살아가는 실천을 요구합니다. 우리는 세계를 움직이는 섭리에 적극적으로 참여하고, 자기 중심성을 극복하고, 다른 사람들과 참된 관계를 만들어가야 합니다. 이 모든 것은 진정한 사랑으로 표현될 수 있습니다. 결국 틸리히에게 부활은 새로운 삶인 것입니다.

디트리히 본회퍼 – 공동체로서의 부활

디트리히 본회퍼(1906-1945)는 예수님을 역사의 한 인물로 보는 것을 넘어, 우리와의 관계, 특히 '공동체'와 관련하여 예수님이 누구이신지 고민하며 부활을 논했습니다. 본회퍼는 그리스도가 '나를 위한', '우리를 위한' 존재이시라고 보았기 때문입니다.

본회퍼는 우리가 그리스도를 경험하는 방법에는 말씀과, 성례, 공동체가 있다고 말했습니다. 우리는 말씀을 통해 그리스도께서 가르치시는 진리를 배우며, 성례를 통해 그분이 우리에게 가까이 계신다는 것을 느낄 수 있습니다. 그리고 본회퍼는 공동체를 특히 중요하게 여겼습니다. 본회퍼에 의하면 말씀과 성례는 공동체의 정체성을 이루고, 공동체 그 자체가 곧 그리스도의 부활한 몸입니다. 예수님이라는 한 역사적 인물의 부활한 몸이 부활절 이야기를 통해 강조되기 이전에는 부활한 몸을 강조한 경우가 없었으며, 세상 끝날까지 우리와 함께할 분이신 예수님은 '영으로' 공동체 안에 거했다는 것입니다. 본회퍼에게 빈 무덤 이야기는 부정되지도, 긍정되지도 않는 가능성 높은 역사적 사실에 불과합니다. 중요한 것은 그분이 오늘 우리와 함께하신다는 것입니다.

인간은 사회적 존재입니다. 사람은 결코 다른 사람 없이 살아갈 수 없습니다. 하지만 사람들이 마땅히 맺어야 할 순수한 관계는 죄 때문에 무너져 있습니다. 하나님과의 관계뿐 아니라 사람들끼리의 관계도 파괴된 세상의 모습을 본회퍼는 '옛 세상'이라고도 불렀습니다. 하지만 그리스도로 인해 새롭게 탄생한 인간은 하나님과 맺는 관계, 사람들과 맺는 관계를 회복한 참된 공동체로 존재하게 됩니다. 심지어 본회퍼는 '그리스도가 공동체로 현존하고 있다'(Christus als Gemeinde existierend)고 말합니다. 그에게 교회는 공동체로 존재하는 그리스도인 것입니다. 본회퍼가 지적하듯, 바울 역시 공동체를 그리스도의 몸이라고 말하며 그리스도와 공동체를 동일시합니다.

"너희는 그리스도의 몸이요 지체의 각 부분이라"(고전 12:27)

틸리히는 부활 신앙을 통해 개인의 변화를 다루었지만, 본회퍼를 통해 부활 신앙은 온 인류의 차원까지 확장되었습니다. 예수님의 부활은 공동체를 낳았습니다. 우리는 더 이상 혼자가 아닙니다. 이 공동체는 새로운 인류의 관계이고, 하나님께서 예수님을 통해 보이신 온전한 사랑으로 완성됩니다.

초월적 소망

하나님께서는 구원과 회복의 원대한 계획을 완성해가시고, 부활은 그 과정 중 하나입니다. 많은 사람들은 성경이 말하는 구원을 좁게 해석하지만, 사실 성경은 모든 사람이 구원받고 온 세상이 회복될 것이라고 가르치고 있습니다. 우리는 결국 모두가 구원을 받기를 바라는 것이 마땅합니다. 성경은 언젠가 우리의 문제가 해결되고 우리가 다시 만날 수 있을 거라는 초월적인 희망을 우리에게 허락해줍니다. 이러한 초월적 소망의 근거는 하나님께로부터 옵니다.

지옥은 존재할까

기독교가 발전시킨 가장 잔인한 상상은 바로 영원한 형벌의 장소인 지옥일 것입니다. 놀랍게도 사람들이 흔히 생각하는 지옥은 본래 성경에 없습니다. 오늘날 지옥의 이미지는 아마도 단테의 〈신곡〉에 영향을 받은 것으로 보입니다. 지옥은 성경 시대 이후 기독교인들의 투쟁 가운데, 상대를 저주하는 관점으로부터 출발했습니다.

성경은 영원한 생명을 위한 의인의 부활만을 이야기했지, 죄인과 악인에게 영원히 고통을 주기 위한 부활을 말하지 않았습니다. 요한복음에서는 악인의 부활이 언급되지만, 이는 심판과 멸망을 위해 잠시 되살아나는 것으로 해석될 수 있습니다(요 5:29). 요한복음에서는 언제나 '영원한 생명'과 '멸망'이 대조되기 때문입니다.(요 3:16, 10:28; 11:25-26). 요한계시록도 명백하게 '둘째 사망'이라는 이야기를 하며 악인들이 영원히 고통받는 것이 아니라 소멸할 것이라고 강조합니다(계 21:8). 성경은 악인들의 고통이 영원히 계속된다고 말한 것이 아니라, 언제나 심판이 있을 것이라는 뜻에서 소멸하는 불 혹은 꺼지지 않는 불을 말했습니다. 이러한 이미지는 하나님의 진노와 악인의 소멸을 말하기 위해 사용된 표현입니다. 예수님이 지옥과 꺼지지 않는 불을 언급하신 것은 심판의 비참함을 강조하기 위한 것일 뿐, 결코 영원한 고문을 말씀하신 것은 아닙니다.(막 9:48, 사 66:24) 악인들은 지옥에서 영원히 타오르는 것이 아니라 불에 의해 소멸할 뿐입니다.(렘 17:27; 겔 20:47)

이렇듯 원래 기독교는 악인의 영원한 고통이 아니라 '멸절' 관념을 가지고 있었습니다. 이것은 시간이 흐르며 부활 사상과 영생 개념에 맞물려 대중 사이에서 물질적인 차원으로 유행하기 시작했고, 이교도와 이단자를 저주하는 방향으로 왜곡되어 발전했습니다. 2-3세기에 쓰인 〈베드로의 묵시록〉이나 〈페르페투아의 수난〉과 같은 기독교 문학 작품들은 공동체 안으로는 순교나 박해에 맞설 용기를 불어넣기 위해 화려한 천국을 묘사했고, 바깥으로는 하나님의 정의의 심판이 있기를 바라며 분노와 복수의 감정을 표현하고자 했습니다. 당시 헬레니즘 문화가 '몸'에 대한 대중적인 선호를 반영하고 있었고, 본래 영적이었던 초기 기독교의 부활 사상은 이것에 영향을 받아 신체적 쾌락에 비례하는 신체적 고통을 강한 것입니다.

이후 천 년이 넘도록 이교와 이단 논쟁이 계속된 기독교 역사는 부끄럽게도 이러한 교리를 철회하지 않았으며, 구원의 조건을 지나치게 정교하고 까다롭게 만들었습니다. 하지만 기독교에 차별과 혐오와 분노로 인해 왜곡된 구원론만 있는 것은 아닙니다. 하나님께서 정의를 실현하실 것이라는 소망을 훼손하지 않으면서도, 사랑의 하나님의 자비로운 성품과 부활 신앙의 참된 의미, 기독교의 궁극적이고 초월적인 소망을 담은 구원론도 존재했습니다. 이것이 바로 '만인 구원'과 '만유 회복'입니다.

만물의 회복

사도행전 3장 21절에는 '회복'을 의미하는 그리스어 '아포카타스타시스'가 사용되고 있습니다.

> "하나님이 영원 전부터 거룩한 선지자들의 입을 통하여 말씀하신 바 만물을 회복(아포카타스타세오스 판톤)하실 때까지는 하늘이 마땅히 그를 받아 두리라"(행 3:21)

'아포카타스타시스'에 담긴 웅장한 의미는 알렉산드리아의 교부 오리게네스를 통해 확인됩니다. 그는 이 말씀에서 말하는 '회복되어야 할 모든 것'은 우주 전체를 가리킨다고 했고, 악인뿐 아니라 심지어 악한 영적 존재까지도 거기에 포함된다고 믿었습니다. 만물의 회복을 기대하며 우리는 하나님의 정의와 자비를 통해 성숙한 단계에 이를 것이라고 믿을 수 있습니다. 악인을 진심으로 뉘우치게 하고, 온 마음으로 용서하고, 참된 화해를 할 수 있는 정도까지 말입니다. 그렇기에 바울은 마지막 날 멸망할 것은 악한 개인이 아니라 죄와 죽음이라고 선포했습니다.(고전 15:55-58)

어떤 사람들은 '이중 예정'을 받아들이는 것만이 겸손한 신앙인의 자세라고 생각합니다. 로마서 9장에서 바울은 야곱의 선택과 에서의 유기(遺棄)와 같은 비유들을 사용하는데, 이를 하나님이 영원한 구원과 영원한 형벌을 동시에 정해놓으셨다는 이중 예정으로 받아들이는 것입니다. 하지만 이 말씀은 이방인의 운명까지 포괄하시는 하나님의 거대한 구원사를 설명하는 것입니다. 이어지는 결론도 마찬가지입니다. 결국 바울은 하나님께서 만물을 회복하실 것을 찬양합니다.

"하나님이 모든 사람을 순종하지 아니하는 가운데 가두어 두심은 모든 사람에게 긍휼을 베풀려 하심이로다 … 만물이 주에게서 나오고 주로 말미암고 주에게로 돌아감이라"(롬 11:32, 36)

이중 예정 교리는 종교개혁 시대에 있었던 한 가지 해석일 뿐입니다. 무엇보다 그 교리는 하나님을 이중인격자로 만듭니다. 다행히 20세기의 스위스 신학자 카를 바르트(1886-1968)가 이러한 오해를 풀어주었습니다. 예수님께서 십자가에서 죽으셨다가 부활하신 것처럼, 하나님의 진노는 우리의 타락을 비추기 위해 잠시 드러내신 모습일 뿐이라는 것입니다. 하나님은 누군가에게 영원히 진노하고 다른 누군가를 영원히 사랑하는 분이 아니라는 점을, 바르트는 강조했습니다. 이뿐만 아니라 바르트는 결국 부활을 통해 그 모든 것을 회복시킬 것이라고 가르쳤습니다. 교회의 역할은 이 놀라운 하나님의 복음을 전하고 하나님의 사랑을 실천하는 것이지, 저주를 선포하고 종교 재판을 하는 것이 아닙니다.

너는 하나님께 소망을 두라

기독교 신학이 발전하면서 선하신 하나님이 계신다면 세상에 왜 고통이 존재하느냐는 질문이 등장했습니다. 많은 철학자와 신학자가 이 질문 앞에 쓰러졌습니다. 하지만 우리가 질문을 착각한 것인지도 모릅니다. 인간이 하나님을 찾은 것은 고통 때문입니다. 하나님과 고통이 어떻게 양립할 수 있는지를 질문할 것이 아니라, 인간이 고통 앞에서 어떤 하나님을 찾았기에 하나님과 고통이 양립하게 되었는지를 질문해야 합니다.

시편 42편은 우리에게 고통받는 한 사람을 보여줍니다. 사람들은 그의 신앙을 비웃고 조롱하고 있습니다. 그는 하나님을 애타게 찾고 있지만, 하나님은 끝까지 모습을 드러내지 않으십니다. 그는 여전히 사라지지 않은 고통 속에서 하나님께 이렇게 부르짖습니다.

"내 반석이신 하나님께 말하기를 어찌하여 나를 잊으셨나이까 내가 어찌하여 원수의 압제로 말미암아 슬프게 다니나이까 하리로다"(시 42:9)

우리는 이런 고통 속의 외침을 이 시편에서만이 아니라 성경의 많은 곳에서 발견할 수 있습니다. 심지어 예수님조차도 십자가에서 그런 고통의 외침을 남기셨습니다. 네 편의 복음서는 십자가 위의 일곱 말씀을 남겼습니다. 물론 당시 예수님 곁에는 제자들이 남아 있지 않았기에 정확히 예수님이 무엇이라 말씀하셨는지는 알 수 없습니다. 하지만 누가복음이 예수님을 순교자의 이미지에 맞추었고 요한복음은 로고스철학에 맞추었다는 점을 생각해보면, 아마도 예수님의 성품에 어울리는 인간적인 유언은 마가복음과 마태복음에 기록된 대로일 것입니다. 인간이라면 누구나 감당할 수 없는 고통 앞에서는 원망의 마음이 생겨날 것이며, 특히 누구보다 하나님을 원망하게 될 것입니다.

> "제구시에 예수께서 크게 소리 지르시되 엘리 엘리 라마 사박다니 하시니 이를 번역하면 나의 하나님, 나의 하나님 어찌하여 나를 버리셨나이까 하는 뜻이라"(막 15:34)

하나님으로부터 버림받는 것보다 더 큰 절망이 있을까요? 아무도 나의 고통을 돌아보지 않고 나를 도와주기는커녕 외면하는데 하나님마저 나를 거절하신다니, 이는 그야말로 절대적인 절망입니다.

그러나 우리는 그런 절망을 걱정하지 않아도 된다는 것을 성경 전체를 통해서 확인할 수 있습니다. 하나님께서 예수님을 죽음에서 일으키셨고, 이내 절규는 찬양으로 바뀌었습니다. 하나님은 결코 절대적인 절망에 우리를 내버려두지 않으시고, 초월적인 희망의 세계로 우리를 초청하십니다.

누가복음은 나인 성에서 과부의 아들이 되살아난 사건을 들려줍니다. 나인 성 근처에 장례 행렬이 있었습니다. 한 과부의 아들이 죽은 것입니다. 이미 남편을 잃었는데 아들마저 잃은 그녀의 마음을 누가 감히 이해한다고 할 수 있을까요?

이제 그녀는 누구를 의지해 살아가야 할까요? 그런데 그녀는 부르지 않았으나, 예수님께서 그 과부에게 다가갑니다. 이유는 단 하나였습니다. 그녀가 슬퍼했기 때문입니다. 그것보다 더 큰 이유는 없었습니다. 성경은 예수님이 그 아들을 되살린 뒤에 과부에게 아들을 돌려주셨다고 말합니다.

예수님은 오늘 우리에게도 찾아오십니다. 슬픔에 빠져 어쩔 줄 모를 때, 우리의 아픔을 아시고 우리를 위로하십니다. 우리는 모든 사람에게 자비를 베푸시는 하나님을 믿습니다. 우리는 만물을 회복하실 하나님을 믿습니다.

"… 하나님이 친히 그들과 함께 계시고, 그들의 눈에서 모든 눈물을 닦아 주실 것이니, 다시는 죽음이 없고, 슬픔도 울부짖음도 고통도 없을 것이다. 이전 것들이 다 사라져 버렸기 때문이다." 그 때에 보좌에 앉으신 분이 말씀하셨습니다. "보아라, 내가 모든 것을 새롭게 한다."(계 21:3-5)

죽음과 부활을 넘어 희망으로

이 땅의 모든 사람은 아픔과 슬픔과 허무를 마주하며 살아갑니다. 부활이란 그 모든 위협에서 벗어날 수 있다는 '희망'을 의미합니다. 부활은 우리에게 더 이상 아픔과 슬픔이 없는 세상을 약속합니다. 참된 부활은 죽음으로 인해 모든 것이 사라질 것이라는 '유한성의 불안'을 이기게 해줄뿐더러, 영원한 삶이란 영원히 무의미와 지루함 속에서 살아가는 고문과도 같다는 '무한성의 불안'도 넘어서게 해줍니다. 부활은 죽음에 관한 것만이 아니라 삶에 관한 것이기도 하기 때문입니다. 부활은 진정한 삶의 가치와 의미, 만족, 참된 실존 혹은 새 존재를 우리에게 제시합니다. 죽음이라는 절대적 절망에 대한 초월적 희망이 바로 부활입니다.

죽음을 어떻게 극복할 수 있을지, 무엇이 가장 완전한 희망이 될 수 있을지, 여러 종교가 고민해왔습니다. 기독교는 다름아닌 부활 신앙에서 그 완전한 희망의 씨앗을 발견했고, 지금까지 그것을 발전시켰습니다. 초기 기독교인들은 하나님의 나라가 예수님의 부활을 통해 시작되었으며 거기에 참여할 것이라는 믿음으로 죽음의 세력을 몰아냈습니다. 그들은 때로는 부활의 교훈을 되새기며, 때로는 부활의 케리그마를 선포하며, 때로는 부활절 드라마로, 때로는 부활하신 분과의 예배를 통해 죽음과 싸웠습니다.

교회의 설교자들은 부활을 변호하기 위해 노력하였습니다. 그들의 변호는 부활의 기적을 옹호하는 것이 아니라, 죽음의 세력에 맞서 부활의 의미를 기억하고 지키려는 것이었습니다.(존재의 근원이자 사랑의 의지이신 하나님과의 관계성이 부활의 본질과 의미이며, 이것을 현 시대에 맞게 끊임없이 재해석하는 것이 오늘날 신학의 과제입니다.) 그러나 시간이 지날수록 그들의 싸움은 어느 종교가 더 우월한지 따지는 결투로 변질되어갔습니다. 그 때문에 크게 이기고 있던 싸움의 기세는 기울었습니다. 끈질긴 죽음의 군대는 항복하지 않았습니다.

"사망아, 네 재앙이 어디 있느냐? 스올아, 네 멸망이 어디 있느냐?"(호 13:14), "죽음아, 너의 승리가 어디에 있느냐? 죽음아, 너의 독침이 어디에 있느냐?"(고전 15:55) 신·구약을 관통하는 예언자적 선언은 아직 공식화되지 못했습니다.

오늘날 우리는 인간이라는 종(種)이 완전히 다른 존재가 되어가는 시대, 포스트휴머니즘/트랜스휴머니즘 시대가 벌써 가까이에 왔음을 봅니다. 이런 때에도 부활 신앙이 여전히 유효하고, 필요할까요? 물론입니다. 시대가 변할지라도 인간은 아픔을 느끼고, 슬픔을 겪고, 허무에 불안해합니다. 그래서 인간은 인간답습니다. 여전히 죽음의 세력은 인간을 위협합니다.

부활 신앙은 이에 대한 해결책을 '하나님과의 관계성'에서 찾고 있습니다. 우리는 '영원한 생명'이란 하나님을 '아는 것'이라는 요한복음의 말씀을 기억해야 합니다. 하나님을 안다는 것은 단순히 신비한 지식을 안다는 이야기가 아닙니다. 세상 모든 존재와 올바른 관계를 맺는 것을 의미합니다. 성경은 모든 존재와의 근원적 관계 방식이 '화해'임을 말합니다. 하나님과의 관계 회복을 통해 시작되는 '만물의 화해'(행 3:21; 엡 1:10), 이것이 진정한 부활의 삶입니다.

어떤 사람들은 발전하는 과학기술이 부활 신앙에 위협이

될 것이라며 멀리하려고 하지만, 그렇지 않습니다. 사람들이 기술의 혜택을 누리는 것은 인간과 자연 이룰 '화해'의 일부가 될 수 있습니다. 우리는 하나님이 주신 것들을 선하게 여기고 버릴 이유가 없습니다. 그러니 우리의 문화, 과학, 철학, 정치와 같은 영역의 노력은 부활 신앙이 지향하는 바에 기여할 수 있습니다.

하지만 궁극적인 화해는 인간의 기술이 아니라 하나님과의 관계 회복으로부터(즉 부활 신앙으로부터) 온다는 것을 기억해야 합니다. 포스트휴머니즘, 트랜스휴머니즘은 부활 신앙처럼 지금 현실의 인간을 초월한 새로운 인간에 대한 질문을 우리에게 던집니다. 이들이 과학기술과 철학의 차원에서 이러한 질문에 답한다면, 기독교는 초월적이고 윤리적인 비전을 제시합니다. 우리는 모든 존재와 올바른 관계를 맺는 사람, 사랑 속에서 충만한 '새 존재'가 될 것입니다. 이러한 점에서 부활 신앙은 미래에도 살아남을 수 있는 정도가 아니라 새로운 시대에 인간이 가야 할 길이 될 수 있습니다. 우리가 초기 기독교인들의 예배, 선포, 드라마를 시대에 맞게 재해석하고 재구성할 수 있을 때, 사람들은 하나님의 부활의 능력을 경험할 수 있을 것입니다. 이것을 어떻게 구체적으로 실현할지 고민하고 실천하는 것이 교회의 사명입니다.

월터 윙크가 말했듯, 우리는 아직 '참 사람'이란 어떤 존재인지 모릅니다. 하지만 모두에게는 지금의 실존을 넘어선 '새 사람'을 향한 갈망이 있습니다. 부활은 그런 '참 사람', '새 사람'이 될 것이라는 희망입니다. 부활은 인간의 아픔과 슬픔, 허무에 대한 근원적인 해답을 제시하는 희망의 메시지입니다. 이러한 희망은 오늘날에도 그리고 미래에도 여전히 유효합니다.

부활체에 대한 해석들

만약 우리가 부활한다면 어떤 모습이 될까? 복음서에 있는 예수와 사두개인의 논쟁에서 언급되는 것처럼, 부활체는 "장가 가고 시집 가는 일이 없는" 성을 배제한 몸일까? 죽은 당시의 몸일까, 젊어진 몸일까? 다치고 손상된 생전의 몸은 회복될까?

이 글에서는 유대-기독교 경전을 중심으로 '부활체'와 관련된 개념이 어떻게 변화했는지를 살펴보고자 한다. 어떤 사상이건 처음부터 완성된 것은 없다. 당연하게도 기원전 2세기부터 기원후 2세기까지 부활체에 대한 관점은 역동적으로 변화했다.

〈마카베오하〉에서 드러나듯 초기의 순교자-종말론 부활 신앙에서 부활체는 본래의 몸이 회복된 모습으로 여겨졌다.

> "하느님께 받은 이 손발을 하느님의 율법을 위해서 내던진다. 그러므로
> 나는 이 손발을 하느님께로부터 다시 받으리라는 희망을 갖는다."(마카베
> 오하 7:11)

이러한 부활 사상에서는 고문을 당해 손상된 의인의 육체가 회복된
다는 것이 가장 중요했다. 비유적 표현이지만, 에스겔 37장의 '마른 뼈
에 생기'가 도는 것이 곧 부활체였다.

천사화, 혹은 신령한 몸

그런데 동시대의 작품인 다니엘서에는 부활체에 대한 다른 암시가 주어
진다. 바로 '하늘의 별'과 같이 된다는 것이다.

> "지혜 있는 자는 궁창의 빛과 같이 빛날 것이요 많은 사람을 옳은 데로 돌
> 아오게 한 자는 별과 같이 영원토록 빛나리라"(단 12:3)

이 구절은 단순한 비유였을지 모르지만, 이후의 종교사적 흐름을 살
펴보면 이 구절이 부활체와 관련한 어떤 명백한 암시로서 받아들여진 듯
하다. 하늘에 존재하며 별처럼 몸이 빛나는 존재, 바로 천사이다.

그리스 철학의 영향을 받아 영혼을 강조한 유대교에서도 완전한 영혼 불멸을 주장한 경우가 있었다. 1세기 알렉산드리아의 필론이 대표적이다. 그는 부활체에 대해 별다른 말을 하지 않았지만 영혼 불멸과 필멸의 육체로부터의 해방을 강조했다. 특히 '가인과 아벨의 희생제사'(de sacrificiis abelis et caini abel)에 관한 그의 해설서에서, 아벨은 천사처럼 되었으며, 모세의 시체가 사라진 것은 영혼이 하나님께로 간 것이라고 표현하며 곧이어 아벨처럼 되었다고 덧붙인다.

쿰란 공동체도 마찬가지였다. 쿰란 공동체의 문헌들은 기원전 3세기-기원후 1세기에 기록되었다고 여겨지는 문서 묶음으로, 여기에도 소위 천사화(angelomorphism) 신앙이 나타난다. 대표적으로 4Q374, 4Q377 단편은 모세가 시내산에서 '천사처럼 되었다'고 말한다. 물론 이것은 신체적인 상태가 아니라 지위를 나타내는 표현일 수 있다.

또 다른 1세기 유대인 역사가 요세푸스는 악인과 의인을 대조하며 의인에 대한 보상으로서 '거룩한 몸'(하그노스 소마)가 주어진다고 보았다.(비록 이것이 어떤 몸인지 별다른 설명을 하지는 않았다.) 그럼에도 요세푸스가 바리새파의 신앙이라고 간주했던 영혼의 윤회를 언급하는 것으로 미루어 보아, 요세푸스 역시도 어느 정도 영혼의 개념을 수용한 헬레니즘 유대인으로서 단순히 생전의 몸이 곧 부활체라고 생각하지는 않은 듯하다.

그렇다면 신약성경은 어떠할까? 초기 기독교 공동체는 그 신앙의 중심에 예수의 부활을 두었기에, 유대교에 비해 훨씬 적극적으로 부활 신학을 발전시켜야만 했다. 전통적인 신약성경의 배치 순서와 달리, 역사비평을 따라 바울서신, 공관복음, 요한복음, 2세기 문헌 순으로 이 발전 과정을 살펴본다.

바울의 부활체는 고린도전서 15장에서 가장 분명하게 언급된다. 바울이 '몸'의 부활을 말하는 것은 분명하다. 단, 그가 말하는 '몸'은 인간이 생전에 소유한 몸이라고 볼 수 없다. 그는 두 가지를 분명하게 말한다. 첫째, 부활한 사람들은 지상의 인간의 몸이 아닌 전혀 다른 몸을 받을 것이다. 둘째, 그 몸은 살과 피로 이루어지지 않았다.

"육체는 다 같은 육체가 아니니 … 하늘에 속한 형체도 있고 땅에 속한 형체도 있으나 하늘에 속한 자의 영광이 따로 있고 땅에 속한 자의 영광이 따로 있으니 … 죽은 자의 부활도 이와 같으니 썩을 것으로 심고 썩지 아니할 것으로 다시 살며 욕된 것으로 심고 영광스러운 것으로 다시 살며 약한 것으로 심고 강한 것으로 다시 살며 육의 몸으로 심고 신령한 몸으로 다시 사나니 육의 몸이 있은즉 또 신령한 몸이 있느니라 기록된바 첫 사람 아담은 산 영이 되었다 함과 같이 마지막 아담은 살려 주는 영이 되었나니 그러나 먼저는 신령한 자가 아니요 육 있는 자요 그 다음에 신령한 자니라 첫 사람은 땅에서 났으니 흙에 속한 자이거니와 둘째 사람은 하늘에서 나셨느니라 무릇 흙에 속한 자는 저 흙에 속한 자들과 같고 무릇 하늘에 속한 자는 저 하늘에 속한 자들과 같으니 우리가 흙에 속한 자의 형상을 입은것 같이 또한 하늘에 속한 자의 형상을 입으리라 형제들아 내가 이것을 말하노니 혈과 육은 하나님 나라를 유업으로 받을 수 없고 또한 썩은 것은 썩지 아니한 것을 유업으로 받지 못하느니라 보라 내가 너희에게 비밀을 말하노니 우리가 다 잠잘 것이 아니요 마지막 나팔에 순식간에 홀연히 다 변화하리니 나팔 소리가 나매 죽은 자들이 썩지 아니할 것으로 다시 살고 우리도 변화하리라 이 썩을 것이 불가불 썩지 아니할 것을 입겠고 이 죽을 것이 죽지 아니함을 입으리로다."(고전 15:39-50)

바울은 여기서 흙으로 지음 받은(창세기 2장의 창조) 기존의 인간의 몸이 아닌, '하늘에 속한 형체' 혹은 '하늘에 속한 자의 형상'을 입을 것이라 말한다. 이는 천사를 가리킨다. '하늘에 속한'을 가리키는 형용사 '에푸라니오스'는 빌립보서의 그리스도 찬가에서도 사용되고 있는데(빌 2:10), 이는 명백하게 천사를 암시하고 있다. 또한 바울은 '육의 몸'('프쉬케'의 몸)과 '신령한 몸'('프뉴마'의 몸)을 구별한다. '프뉴마의 몸'이 정확히 무엇을 의미하는지는 알 수 없다. 다만 여기서 사용된 형용사 '프뉴마티코스'는 통상 바울에게는 어떤 '성숙한 수준'을 의미하는 듯하다. 아마도 살과 피로 대변되는 육의 몸이 육욕을 좇는 몸인 것에 비해, 신령한 몸은 육욕이 거세된 몸을 가리키는 것일 수 있다. 바울에게 새로운 몸은 영광스럽게 빛나고 썩지 않는 실체적인 영속성을 가지고 있을 뿐 아니라

도덕적 성숙과 금욕적 완성이 조화를 이룬 몸을 가리키는 듯하다.

공관복음에는 예수가 가르친 부활체와 예수의 부활체가 구별되어 등장한다. 공관복음의 예수는 부활한 사람들은 시집도 장가도 가지 않고 천사와 같이 된다는 수수께끼 같은 말을 남긴다. 예수가 정말로 성별 구분이 없는 '중성'을 말했을 수도 있다. 예수는 음욕에 대해 매우 단호한 태도를 보였으며, '천국을 위해 고자 된 자'를 높인다. 임박한 종말론 신앙을 가졌던 예수와 바울은 세속적인 가족 질서가 유지될 수 없다고 생각했다.(실제로 예수와 바울은 자녀가 없었다.) 예수는 하나님이 사람을 남자와 여자로 지은 다음 '한 몸'이 되게 했다는 창세기 구절을 거론하지만, 이는 성을 제한하는 차원에서 언급한 것이며, 궁극적으로는 성욕 그 자체를 정죄한 것으로 보인다. 예수가 생각한 부활체가 성이 제거된 존재라는 가설은 충분히 가능성이 있다.

부활체의 신체성

한편 예수의 말에 등장하는 부활체와 별개로, 복음서 저자들이 예수의 부활체에 대한 개념을 점차 발전시켰다는 것을 명확히 확인할 수 있다. 마가복음에는 예수의 부활체가 등장하지 않고 빈 무덤만 등장한다. 그러나 조금 더 발전한 마태와 누가에서는 예수의 부활체가 등장한다. 예수는 현현하여 그 모습을 보인다. 마태복음은 예수의 무덤의 돌을 굴리는 천사는 세세하게 묘사하지만, 예수의 부활체에 대해서는 '발'만 언급한다. 그의 발은 '만져질 수' 있는데, 마태복음의 서술은 이것이 전부이다. 그러나 누가복음이 말하는 예수의 부활체는 그야말로 평범한 인간이다.(누가복음에서는 예수의 무덤에 나타난 천사가 둘이 되었고, 찬란한 옷을 입었다고 묘사된다.) 예루살렘에서 엠마오로 가던 두 사람은, 길에서 마주친 부활한 예수를 그냥 평범한 나그네 정도로만 여긴다.(비록 갑자기 예수가 눈앞에서 사라지긴 하지만 말이다.) 하지만 더욱 흥미로운 것은 누가복음의 예수가 자신의 부활체에 대해 말하는 지점이다. 이 묘사는 명백하게 바울의 묘사를 반박하고 있다.

"이 말을 할 때에 예수께서 친히 그 가운데 서서 가라사대 너희에게 평강이 있을찌어다 하시니 저희가 놀라고 무서워하여 그 보는 것을 영으로 생각하는지라 예수께서 가라사대 어찌하여 두려워하며 어찌하여 마음에 의심이 일어나느냐 내 손과 발을 보고 나인줄 알라 또 나를 만져보라 영은 살과 뼈가 없으되 너희 보는 바와 같이 나는 있느니라 이 말씀을 하시고 손과 발을 보이시나 저희가 너무 기쁘므로 오히려 믿지 못하고 기이히 여길 때에 이르시되 여기 무슨 먹을 것이 있느냐 하시니 이에 구운 생선한 토막을 드리매 받으사 그 앞에서 잡수시더라"(눅 24:36-43)

여기서 예수는 자신이 영, 곧 '프뉴마'가 아니라고 말한다. 그리고 '살(사륵스)과 뼈(오스테온)'가 있다고 말한다. 바울에게 '사륵스'는 육욕을 가리키기 위해 종종 사용된 단어이지만, 누가-행전에서는 예수의 육체를 가리킬 때 사용되었다. 결국 누가복음에서는 어떤 상징으로서의 '몸'이 아니라, 그야말로 인간 신체가 되살아난다는 생각이 강조된다. 누가복음은 마태복음에서 발을 묘사 것을 넘어 예수의 손까지 보여준다. 심지어 예수가 음식을 달라 하여 먹었다는 묘사를 통해 '배고픔을 느끼는', 그야말로 인간적인 모습이라는 점에 쐐기를 박는다.

요한복음에 이르면 예수의 부활체는 이해할 수 없는 수준에 이른다. 예수를 가장 사랑했던 마리아조차도 처음에는 그를 알아 볼 수 없다. 그리고 마태복음의 부활체와 달리 요한복음의 부활체는 자신의 몸에 손대지 못하게 한다. 아마도 요한복음의 예수가 '나를 붙들지 말라'(요 20:17)고 말한 것은 요한복음 전체의 분위기를 고려할 때 일종의 '집착 금지'로 해석될 수 있을지도 모른다. 그러나 뒤이은 묘사는 더욱 불가해하다. 누가복음의 예수가 보여준 순간이동이 요한복음에 다시 등장한다. 예수는 문을 닫고 숨어 있는 제자들에게 갑자기 나타난다. 그리고 마치 창세기의 하나님이 흙으로 빚은 아담에게 생령을 불어넣듯, 그들에게 숨을 내쉬어 성령을 불어넣는다. 이때 제자 도마는 없었다. 도마는 다른 날 예수를 만났다는 제자들을 향해 이렇게 말한다.

"손의 못 자국을 보며 내 손가락을 그 못 자국에 넣으며 내 손을 그 옆구리에 넣어 보지 않고는 믿지 아니하겠노라"(요 20:25)

또다시 예수는 순간이동을 하여 그들 가운데 나타난 뒤, 도마에게 못 자국을 확인해보라고 말한다. 예수의 몸은 온전히 회복된 것이 아니었다. 소위 말하는 '성흔'이 남은 것이다. 흥미롭게도 요한복음만이 유일하게 십자가 처형을 당한 예수의 '다리가 꺾이지 않았다'고 묘사한다(요 19:33). 그의 성흔은 그가 성취한 위대한 일에 관한 신학적 상징성을 띤다. 도마의 확인 절차는 헬레니즘 독자들에게 부활의 확인이라기보다 신원 확인 절차로 보였을 것이다. 그리스 신화에서도 상처가 회복되지 않은 부활체에 관한 이야기가 등장한다. 탄탈로스는 신들에게 접대하고자(이유는 모호하지만) 자신의 아들 펠롭스를 죽여서 음식으로 대접한다. 신들은 그것을 보고 분노했지만, 데메테르 여신은 무심코 한 입 베어먹는다. 이 일로 탄탈로스는 저주를 받았지만 죽은 펠롭스는 신들에 의해 다시 부활한다. 부활한 그의 육체는 이전보다 훌륭했으나 데메테르가 먹은 일부, 즉 어깨 부분은 회복되지 않았다. 그 부분은 헤파이토스에 의해 상아로 대체된다.

예수의 부활체의 신체성을 강조하는 것은 아마도 헬레니즘 대중의 전파 가운데 확산된 것으로 보인다. 일부 지식층이 영육이원론을 주장했으며, 초기 유대-기독교인도 어느 정도 그 영향을 받은 것 같지만, 고대 그리스의 여러 조각 작품에서 드러나듯 그리스-로마의 대중은 육체적인 미를 선호하였다. 예수의 부활체의 신체성을 강조한 장면들은 이러한 헬레니즘화에 대한 적응과 맞물려 있을 것이다.

승천과 성령

이는 새로운 문제로 이어졌다. 예수의 부활을 영적으로 해석하거나 '천

사'나 '빛'이나 '별' 등으로 모호하게 처리했던 초기와 달리, 점점 부활체

의 신체성을 강조하다 보니 지금 그 몸을 가진 예수가 어디에 있는지에

대한 문제가 생겨났다. 이를 처리하기 위해서 새로운 이론이 발전했는

데, 바로 '승천'이다. 본래 유대-이스라엘 종교에서 승천은 신성한 계시

를 듣거나 고귀한 죽음을 상징하기 위해 사용되던 표현이었다. 헬레니즘

세계에서 승천은 신성한 존재로의 승귀를 의미하기도 했다(이같은 사후

승귀는 특히 로마 황제 로물루스 이후에 종종 이루어지는 일이었다). 이러한 배

경과 '하나님의 우편에 앉는다'는 표현 등이 맞물려, 2세기 초기 기독교

에서는 승천 이야기가 문자적인으로 해석되기 시작했다.

흥미롭게도, 마가복음은 빈 무덤을 통해 은연 중에 이미 그가 신성

한 곳으로 가게 되었다는 것을 시사했지만, 나머지 복음서는 그가 어디

로 갔는지 전혀 이야기해주지 않으며, 단지 그들을 떠났다고만 서술한

다.(요한복음은 선재한 로고스의 귀환으로서 상징적으로 다시 본래의 자리로 되돌

아간다고 이야기하지만 이는 엄밀한 의미에서 육체 승천과는 다소 거리가 있다.)

심지어 누가복음의 고대 사본들(시내 사본, 베자 사본, 고대 라틴어 역본, 고대

시리아어 역본)에는 예수가 '하늘로 올려졌다'는 구절이 없다. 이것은 후

대의 삽입이다. 설사 누가복음의 승천 기록이 본래 누가의 것이라 할지

라도, 누가복음의 기록대로라면 예수가 부활한 당일에 승천한 것이 되므

로 40일 뒤에 승천했다는 사도행전의 서술과는 양립할 수 없다. 아마도 누가복음에 이어 쓰인 2세기의 사도행전에 먼저 승천 이야기가 있었을 것이며, 훗날 이것이 누가-행전으로 묶이면서 누군가가 누가복음 말미에 승천에 관한 표현을 삽입했을 것이다.

예수는 승천했으니, 때로는 영으로 내 안에 혹은 우리 가운데 거하던 주 예수 그리스도는 더이상 지상에 있을 수 없게 되었다. 이러한 승천 신학의 절정은 히브리서에서 나타난다. 히브리서는 현재 예수가 천상에서 받아들여지는 참된 제사를 자신의 육체로 드린 뒤, 하늘의 하나님 우편에 앉아있다고 가르친다. 그렇다면 초기 기독교 공동체의 영적 경험들은 이제 무엇으로 해석되어야 하는가? 바로 성령이다. 신약과 초기 기독교 공동체 안에서 성령 개념은 부활의 육체성 강조와 더불어 발전한다. 예수는 육체를 갖고서 하늘에 있기 때문에 땅에는 성령이 있어야 했다. 공동체의 영적 경험은 본래 부활한 예수의 영 혹은 그리스도의 영의 활동으로 말미암은 것이었지만, 이제는 더 이상 그렇게 해석되지 않았다.

고린도후서 13장 13절에 있는 축복은 4세기경 교부들의 교리 논쟁 중심에 있던 삼위일체를 가리키는 것이 아니다. 고린도후서의 축복은 빌립보서 2장 1절의 '사랑의 위로'와 나란히 있는 '영의 교제'처럼, 교회 내에서 예배 가운데 이루어지는 다양한 체험들(감사, 회개, 기쁨, 결단, 때때로 치유)을 가리킨다. 마태복음의 세례 명령도 아버지와 아들의 신성한 활동과 영향력 또는 교회(세례는 교회 활동이다)를 가리킨다. 성령의 인격성은 예수의 육체 부활과 승천을 강조하는 2세기 사도행전에서 확립된다.

물론 이와 동시대에 예수의 부활의 신체성을 완전히 부정하고 영적 부활을 강조한 이들도 있었다. 로마의 마르키온, 알렉산드리아의 바실리데스와 같은 기독교 교사들이나 이집트 나그함마디 라이브러리에서 확인된 여러 문헌들은 기독교 영지주의로 분류되며 때로는 예수의 부활의 신체성뿐 아니라 지상의 예수의 신체성조차도 거부하는 가현설을 주장했다. 나그함마디 라이브러리의 "위대한 셋의 두 번째 글"이라는 문서는 예수가 십자가에서 전혀 고통을 당하지 않았고, 십자가를 진 것은 구레네 시몬이라고 하며 엉뚱한 자를 죽인 인간의 무지를 비웃고 있다. "부활론" 또는 "레기노스에게 보내는 편지"은 예수가 인간이자 하나님으로서 죽음을 이기되 불멸의 에온(신성한 영역 또는 신성한 실체)이 되었다고 하며, 그것이 그리스도인이 미래에 경험할 부활이라고 가르친다.

교회의 주요 논쟁은 예수의 부활체에 대한 것이 아니었기에, 공식적인 초기 에큐메니칼 공의회 신앙고백에도 이러한 내용들은 다루고 있지 않다. 그저 예수가 부활했다는 것만이 선언된다. 니케아-콘스탄티노플-칼케돈 공의회의 신앙고백이나 8세기 경에 완성되어 오늘날 가장 교회에서 보편적으로 사용되는 사도신경에도 부활한 예수의 신체성은 고백되지 않는다.(몸이 다시 사는 것은 종말론적 고백이며, 위에서 언급하였듯 다양하게 해석될 수 있다.) 어떤 사람은 그리스도의 두 본성을 논하며, 그리스도의 인성이 확립되었으므로 그의 부활의 신체성도 이미 전제되어 있다고 할지 모르겠다. 그러나 참된 인간 본성 혹은 참 사람은 배고프고, 목마르고, 배변 활동하며, 웃고 울고, 피곤해 하고, 잠들어 꿈을 꾸고, 창조하고, 파괴하는 존재가 아닌가? 이와 반대로 이미 교회 내에서는 '영화'(glorification) 내지는 '신화'(deification)라는 관점으로 인간 본성의 변화를 이야기 하고 있다.

예수는 부활했고, 우리도 그와 같을 것이다. 이것이 기독교의 부활 신앙 고백이다. 만약 우리가 부활한다면 어떠한 모습일까? 우리는 알 수 없다. 알 수 없기에 더욱 고대할 수 있다.

"우리가 지금은 거울로 보는 것 같이 희미하나 그 때에는 얼굴과 얼굴을 대하여 볼 것이요 지금은 내가 부분적으로 아나 그 때에는 주께서 나를 아신 것 같이 내가 온전히 알리라"(고전 13:12)

후원자 명단

이 책의 제작을 후원해 주신 분들에게 진심으로 감사드립니다.

후원자분들의 성함은 다음과 같습니다.

김대영	박나래
김성원	박주신
김요섭	복정훈
김우현	서민
김종진	송승규
김중헌(국제너구리)	송재호
김지용	신우림
김한빈	양현영
김희수	염의섭
남인석	오세백
류인선	윤경한

윤주영	정구영
이동호	정동준
이영인	조대희
이운	조도희
이재원	조영승
이정환	최병현
이한승	최수현
이희도	Dongil Chang
임상무	Eunsil Yi
장지원	lurulufa
전경주	

이 책을 통해 더 많은 사람에게 부활의 위로가 전달되도록 최선을 다하겠습니다. 다시 한번 감사드립니다.

수와진 대표 도서

『마리아의 아들: 역사적 예수의 생애 재구성』
진규선 지음

사도신경의 교리적 예수도, 여러 복음서에 나타난 하나님의 아들 예수도, 최초의 사도들이 만나고 선포한 부활한 예수도 아닌, 실제 역사적 예수를 추적하여 이야기식으로 재구성한 책이다.

『브리지 교리문답』
진규선 지음

시대마다 교회는 신앙의 본질은 유지하면서 당대에 적합한 문화와 언어로 그 신앙을 교육할 '교리문답'을 작성해왔다. 그러나 오늘날 한국의 그리스도인들은 변화된 현대와 전통적인 신앙을 조화롭게 이해하기 어려워한다. 이 책은 현대 그리스도인들이 전통과 현대를 조화롭게 이해하는 신앙의 기초를 다질 수 있도록 전통과 현대 사이에 '다리'를 놓는 교리문답 교재이다.

『두근두근 성경공부』

진규선 지음

역사비평의 관점으로 성경이 어떻게 형성되었고, 각각 어떤 목
적으로 쓰였는지 등을 쉽게 개괄한 책. 성경 해석 방법, 신구약
중간기의 역사, 성경에 대한 설교, 추천 자료를 함께 수록했다.

『스위스 개혁파 신앙』

츠빙글리, 불링거, 칼빈 외 지음, 진규선 옮김

스위스 종교개혁 시대에 활약한 훌드리히 츠빙글리, 하인리히
불링거, 요한 칼빈 등 스위스 종교개혁자들의 주요한 네 편의 글
을 묶은 책. 스위스 종교개혁에 대한 간략한 설명과 〈67개조 논
제〉, 〈베른 10개 논제〉, 〈취리히 합의〉, 〈기독교 신앙 요강〉이
수록되어 있다.

부활의 위로

우리에게 희망을 주는 부활 신앙 해설

ⓒ 진규선 2024

초판 1쇄 펴낸날 2023년 3월 25일

지은이	진규선
펴낸이	이종은
펴낸곳	수와진
편집	정명진
디자인	정명진

출판등록	제2020-000244호
주소	서울특별시 강남구 광평로1길 21, 201호(일원동)
이메일	pfarrer.jin@gmail.com

ISBN	979-11-978309-7-6 03230

책값은 뒤표지에 있습니다.